「悩み」を乗り越えて
明るい未来を！

はじめに

誰にでも「悩み」はあるものです。

この世に「悩み」や「苦手」を持たない人などいません。

「あの人は万能だ！」「スゴイ人だ！」と周囲から評される人にも、その人なりの「悩み」や「苦手」があるものなのです。

しかし、そういう人は「悩み」や「苦手」を周囲の人にさとられないように、うまくカムフラージュしています。

また、そういう人は「悩み」を意識するよりも、むしろ自分の「得意分野」や「強み」をアピールする術に長けているので、ますます「悩み」や「苦手」がないように見えてしまうのです。

「悩み」があると、誰でも劣等感を抱いてしまいます。

真面目な人ほど、「悩み」や「苦手」に敏感になりがちです。

しかし、安心してください。

あなたの「悩み」や「苦手」は、視点や考え方をほんの少し変えるだけで、簡単に克服できてしまうのです！

本書では、さまざまな「悩み」や「苦手」をカバーして、それらを簡単に克服し、解消する方法を具体的にわかりやすく解説しています。

著者が提唱する解決策は心理学をはじめとする研究をベースにしているので、効果抜群です。

「決められなくて、いつも悩んでしまう」「記憶するのが苦手……」

本書の目次を見て、あなたが読みたいところから、開いてみてください。あなたの人生を明るく変えていく、目からウロコのハッピーな展開が待っていることでしょう。

本書を手にしたみなさまが、希望に満ちた未来をつかんでいただけますことを心から願っています。

神岡真司

◎目次

はじめに　4

1章
マイナスの感情に振り回されない心理術
——365日ストレスフリーがやって来る！

落ち込みやすく、クヨクヨしてしまう
▼「自分は大丈夫！」と繰り返し、暗示をかける　16

グチや悪口をやめられません
▼グチをノートに書き出して冷静さを取り戻す　20

他人や恋人に嫉妬してしまいます
▼妬み・嫉妬は成長のチャンス！ 24

ちょっとしたことでイライラします
▼他人に過度の期待を持たないようにする 28

あがり症ですぐ緊張します
▼「失敗しても死ぬわけじゃないし」と楽観する 32

周りの目が気になってしまいます
▼「自分の評価基準はこれ！」という軸を持つ 36

ストレス発散の仕方がわかりません
▼「何もしない」「自分を甘やかす」でストレス発散！ 40

優柔不断ですぐに決断できません
▼失敗を恐れず、自分の直感を信じる 44

2章

「できない」が「できる」に変わる心理術

――その苦手意識は単なる思い込みだった!?

暗記が苦手です
▼「すぐ復習」で記憶を逃さない 50

好き嫌いを克服できません
▼食べ物と「嫌な記憶」は切り離す 54

いつも読書が続きません
▼つまらなかったら別の本を読んだってOK 58

方向音痴でよく道に迷います
▼ビルや山を目印にして方向感覚を失わない 62

文章がうまく書けません
▼やさしい言葉でまずは気軽に書いてみる 66
パソコンに抵抗を感じます
▼毎日さわって遊び感覚で使ってみる 70
人前で歌うことが苦手です
▼歌声より重要なのは態度・表情・選曲 74
料理が下手で上達しません
▼頼りにすべきは「感覚」よりも「レシピ」 78

3章

好感度爆上がりのコミュニケーション心理術

——相手の心理が手に取るようにわかる！

相手の目を見て話せません
▼まずは相手の鼻やおでこなど「目の周辺」を見る 84

初対面の人が苦手です
▼自分の情報も話しつつ、相手の仕草をマネる 88

異性とも仲よくしたい
▼会う回数を増やして、まずは聞き役に徹する 92

なかなか人の名前を覚えられない
▼打ち合わせの最中に相手の名前を口に出す 96

自己肯定感が低い
▼必要以上に反省していませんか？　100
自分の意見をはっきり言えません
▼「まずは説明だけでも……」と小さな依頼から始める　104
頼まれごとを断れない性格です
▼キッパリと断れば後味は悪くならない　108
人に悩みを打ち明けられません
▼自分をさらすことで信頼を得るきっかけに　112
「KYだよね」と言われてしまった
▼聞く側に回って相手に同調する　116
人に指示を聞いてもらえません
▼相手に「なぜ」「何のために」を伝える　120
リーダーシップをとれません
▼よきフォロワーこそよきリーダーの素質あり！　124

場を仕切ることが苦手です
▼幹事役にトライして気配り力を磨く 128

4章 ワンランク上の自分に成長する心理術
——仕事・健康・お金の理想が実現する！

自分に甘く、厳しくなれない
▼自分の失敗を責任転嫁するのをやめる 134

行動するまでに時間がかかる
▼先に「締め切り」を決めてやる気を出す 138

やる気がなかなか出ません
▼目標は遠すぎず実現できそうなものを 142
面倒くさがりな性格です
▼「面倒くさいこと」には向き合いすぎない 146
集中力が続きません
▼短時間の「集中と休憩」を繰り返す 150
頑張っても痩せられません
▼「なんとなくダイエット」はやめてみる 154
掃除・片づけができません
▼「捨てどきマイルール」を決める 158
早起きが苦手です
▼起きたらまず日の光を浴びて生物時計を整える 162
いつまでも貯金できません
▼明確な「貯金額」と「節約ルール」を決める 166

スケジュール管理が下手です
▼予定がズレることも想定してスケジュールを立てる 170

本文DTP　株式会社SunFuerza

1章

マイナスの感情に振り回されない心理術

365日ストレスフリーがやって来る！

悩み

落ち込みやすく、クヨクヨしてしまう

「自分は大丈夫！」と
繰り返し、暗示をかける

落ち込んだとき、早期に立ち直るには**自己暗示**が効果的です。自己暗示とは、肯定的な言葉を繰り返し唱え、意識を否定的なものから肯定的なものへと変える手法です。

ただ**「自分は大丈夫」「自分は有能だ」**と繰り返すだけでよいのです。たとえばスポーツ選手は、

「この技を決めることができる！」

と思いながらトレーニングします。そうして何度も唱えるうちに、自然に自信も湧いてくるというテクニックです。

また、落ち込んだときは**自律神経を安定させましょう。**

自律神経とは**交感神経**と**副交感神経**の二つに分けられます。

交感神経はアクセルのような働きがあり、心臓の動きを促進させ、元気よく活動するときに役立ちます。

対して副交感神経はブレーキのような働きがあり、心臓の動きを緩やかにし、

体をリラックスさせます。この**副交感神経を優位にするためには深呼吸が効果的です。**そうすると血圧や心拍数が下がり、簡単にリラックスできます。

「落ち込みやすい人」はちょっとしたことでも深く落ち込んでしまいます。物事を悪いほう、悪いほうへと考えてしまうので、一度落ち込むとなかなか立ち直れません。

落ち込みが続くことでストレスや不安で体を壊してしまうことがあるので、早期に**レジリエンス**を高める、すなわち**打たれ強く立ち直りやすい性格**に変わる必要があります。

レジリエンスはもともと物理学などで物の弾性を表すときに使われていた言葉ですが、最近ではビジネスシーンでも聞くようになりました。

レジリエンスが高い人、つまりレジリエントな人とは、すぐに気持ちを切り替えられたり、**「私はAは苦手だけどBは得意だ」**と自分の長所を認識できたりする人です。

さらに「落ち込みやすい人」の特徴として、プライドが高く、自分に厳しい点が挙げられます。何かに失敗すると自分を許せずクヨクヨと悩んでしまうのです。こうした「落ち込みやすさ」を解消するためには、**「自分を責めない」「自分を許すクセ」をつける**ことが必要です。具体的には自分の長所を考え、ノートに書いてみるのも有効な方法でしょう。

他人と自分を比較するのも「落ち込みやすい人」の特徴です。その結果、他の人に比べて「能力が低い」「評価が低い」といったネガティブな意識を持ってしまいます。こうした人はまず**他人と自分を比較することをやめましょう。**さらに「完璧な人などいない」と自分に言い聞かせることも効果があります。

Point
・**深呼吸をしてリラックスする**
・**自分の長所を見つける**

悩み

グチや悪口をやめられません

グチをノートに書き出して冷静さを取り戻す

グチをやめたい場合には、他人に話す代わりに、ノートや日記に記録することをおすすめします。やり方は簡単で、グチを〝思いつくまま〟紙に書き出してみるのです。これを心理学では**「思考の外在化」**と呼んでいます。

これには、自分でも気づかなかったことや忘れていたことを明確にする目的があります。さらに書くことはポジティブになれる行為なので、書いているうちに気分が晴れてスッキリするでしょう。記録することで、「自分はこんなことを考えていたんだ」と自身を冷静に見つめられます。

ちなみに**「マインドマップ」**は、この「思考の外在化」を体系化、つまり一つにまとめわかりやすくしたものです。私たちの脳内は絶えずさまざまなことを考えていますが、マインドマップを作ることで脳内が整理され、柔軟にアイディアを出すことができます。

マインドマップを書いて悩みを整理する

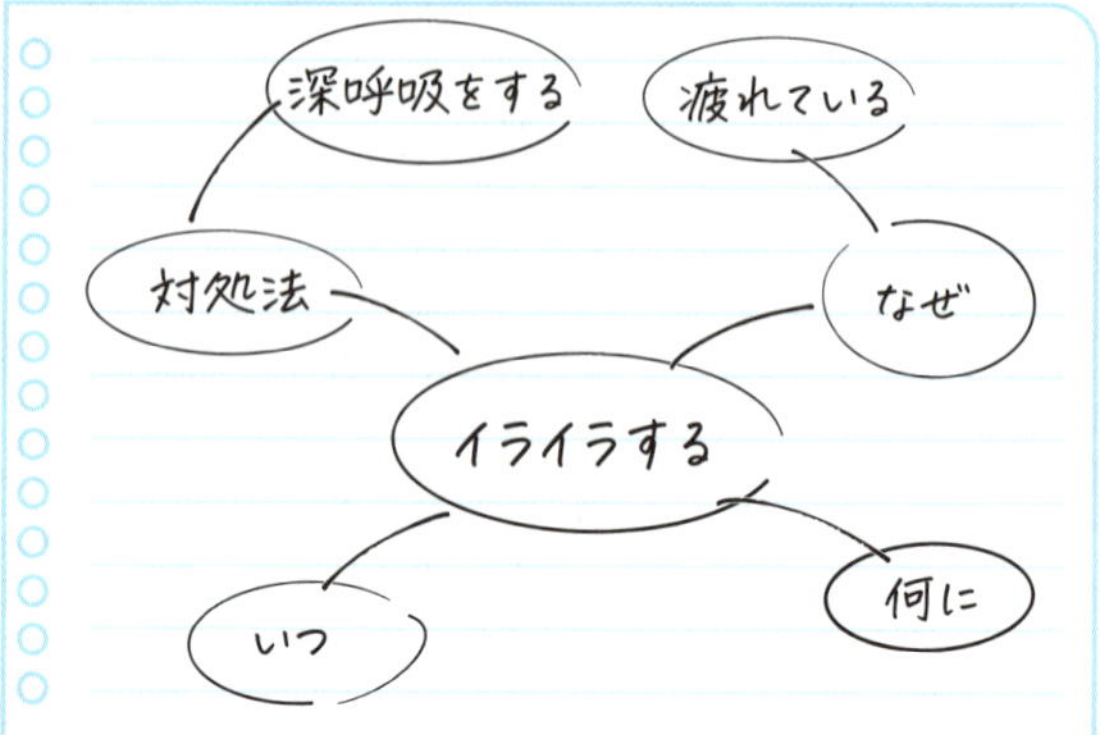

グチや悪口を言う人には二種類のタイプがあります。

一つは**「グチがストレス解消になっているタイプ」**です。

グチを言った後はスッキリしますが、後で「迷惑だったんじゃないか」と考えかえって不安な気持ちになってしまいます。

このタイプは他にストレス解消法を持っていないことが多いようです。そのためグチをやめたいと考えたら、運動や趣味など**何か他のストレス解消法を見つけることも有効です。**

「グチが甘えになってしまっている人」も見かけます。自分の欠点を人に助けてもらうような甘えはポジティブなものですが、相手に寄りかかり、自分でできることまで助けを求める甘えはネガティブな行為です。

相手に依存している人は、「自分の状況をわかってほしい……」という気持ちがグチという形で現れるわけです。

このタイプはまず、問題を自分で解決しようとする前向きな姿勢が必要です。紙に記録することで「なんで怒っているのか」「どんな問題があるのか」「解決策はないのか」と建設的に考えられて、単なる**グチや悪口が「相談」に昇格します。**これなら周りも受け入れやすくなり、敬遠されることがなくなります。

Point
・グチや悪口は自分と向き合うきっかけでもある

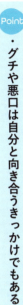

悩み

他人や恋人に嫉妬してしまいます

妬み・嫉妬は成長のチャンス！

嫉妬には二種類あります。

一つは他人の優れた部分を羨ましく思い、劣等感や敵対心を抱く**「妬み」**。もう一つは、パートナーを独り占めしたいと思うような**「独占欲求」**です。

妬みは自分を発展させる原動力となることがあります。そこでおすすめしたいのが**悪い妬みをよい妬みに変える**ことです。

妬みの原因は「自分より幸せな人が憎らしい」といった感情です。

これは「自信のなさ」から生じます。自信のない人は他人と自分とを比べてしまいがちです。たとえば「あいつは僕より成績がよい」「自分より金持ちだ」といった具合です。こうした比較はなんのプラスにもならず、それが高じると他人に対する怒りに発展します。

そこで悪い妬みをよい妬みに変えるためには、**「妬みの対象となっている人の優れている点を認める」「自分がそのレベルまで上がるためにはどうしたらよい**

か考える」ということを心がけてください。
つまり妬みをネガティブではなく、ポジティブにとらえることで、逆に自分を高める努力をするわけです。結果的に自分の成長となる妬みのことを、心理学用語で**「良性妬み」**といいます。妬みも良性妬みに変換すれば、普段より強い活力で物事に取り組めるきっかけになるでしょう。

次にパートナーに対して抱く独占欲求は、彼女や彼氏を自分だけのものにしたい、束縛したいという感情です。最初は単なるヤキモチから始まり、やがて「誰かに取られてしまうのでは」「自分はいつか捨てられてしまうのでは」という被害妄想的な不安を抱いてしまうわけです。

独占欲に心が支配されると、相手をコントロールしたくなる気持ち（支配欲）が高まってきます。

こんなときは、相手をどうしたいかではなく、**自分がどうしたいか**を考えてください。**相手ではなく自分を主語にすることがポイントです。**

その原因は**「相手との信頼関係の弱さ」**にあります。もし二人の間に強い絆があれば嫉妬は生まれません。信頼関係を築くためには、まず相手を信用することが大切です。まずはとことん相手を信じることから始めてみましょう。しかし、どうしても我慢できないことがあれば、**相手にそれを正直に話すことです。**たとえば「男友達と二人で飲みに行くのはちょっと心配」などと自分の感情を吐露してしまうのです。そうした正直さも絆を強めるきっかけになります。

また、パートナーへの嫉妬は、「他人との比較」も一因です。「自分は彼女（彼氏）にとって一番の人間だ」と自信を持ち、他人と自分を比べることはやめましょう。

Point

- **妬みは「良性妬み」に変えることができる**
- **パートナーに正直な気持ちを話すことで絆が深まることも**

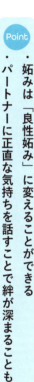

悩み

ちょっとしたことでイライラします

他人に過度の期待を持たないようにする

すぐ頭に血がのぼってしまう性格は、考え方を変えることで直せます。怒りっぽい人が陥りやすい考え方とは、**「過度の期待」**と**「被害者意識」**です。

人や物事に対する過度の期待とは、たとえば他人に親切にしてあげたのにお礼を言われなかったら「なんと失礼な」と憤慨してしまうようなことです。人間は他人に勝手な期待を抱いて、それが裏切られると怒りに悩まされるものなのです。

そのような場合、**「親切は回り回ってどこかで返ってくるものだ」**などと考えてみてください。怒りは静まって心が落ち着いていくはずです。

要は考え方を変えること。他人や物事に対する過度の期待をやめれば、すぐ頭に血がのぼることも減り、穏やかな性格になれるのです。

もう一つの原因である被害者意識とは、自分が大変な仕事を抱えたときに「なんで私だけ」と考えてしまう意識です。被害者意識を持つと心に負のエネルギーが増大し、さらにイライラや怒りが大きくなってしまいます。だからこそネガティブな意識は早めに頭の中から消し去る必要があります。対処法としては、こちらも「評価されているから仕事をたくさん任される」とか「自分のスキルを上げるよい機会だ」といった具合に考え方を転換することです。

また**「アンガーマネジメント」**の手法を取り入れてみるのもよいでしょう。一部ではありますが、具体的な方法を紹介します。

① 6秒間コントロール

イラッと感じた後、感情的になりたい気持ちをグッとこらえ、6秒間待ってみてください。**怒りのピークは6秒**だといわれています。この数秒間を耐えると大きなケンカなどを避けられるでしょう。

② 怒りレベルに点数をつける

落ち着いている状態を0とし、最大に怒っているときを10とした場合、**今の怒りは何点だろう?** と考え点数をつけてみる手法です。そうすると「先週あの人に失礼なことを言われたときのほうが点数が高かったな。だから今回は怒るほどでもない」といった具合に、冷静な判断ができます。

③「許容範囲」を明確にする

自分の中にある許容範囲を「許容できる」「まあ許容できる」「許容できない」の3段階で分けてみましょう。そして**「まあ許容できる」範囲を少しずつ広げる**ことによってイラッとするタイミングが減っていきます。

しかし誰しも、どうしても譲れないことがあります。その場合は言葉で明確に相手に伝えてください。

Point

- **人は裏切られると「怒り」の感情が湧いてしまう**
- **怒りはコントロールして長引かせない**

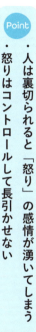

悩み

あがり症ですぐ緊張します

「失敗しても死ぬわけじゃないし」と楽観する

あがり症の原因の一つに「他人が自分をどう見ているか気になる」があります。この意識が強い人は緊張しやすく、「失敗したら恥ずかしい」「笑われるのではないか」などと考えて、体がガチガチになってしまいます。

こうした意識を心理学では**「公的自己意識」**と呼びます。他人から目に見える自分の行動や、容姿について意識することです。対して自分自身というものを客観的にとらえたり、感情について注意を向けたりすることを**「私的自己意識」**といいます。

たとえば、友人と食事をしている際に「私の話は面白いかな？　大丈夫かな？」と心配したり、考えたりするのは公的自己意識で、「楽しい時間を過ごしてうれしいな」と思うのが私的自己意識です。

さらに他人の目を気にする人は、「失敗する自分」といったネガティブなセルフイメージを抱きやすいと言えます。つねにネガティブな考えを抱えているため、物事を悪いほう、悪いほうへと考えてしまうのです。

人は、「自分は内気な人間だ」というイメージを持ってしまうと、本当に人前で話すことが苦手になってしまいます。

あがり症の人は自分の中のネガティブなイメージをポジティブなイメージに変える必要があります。たとえば「スピーチで笑われる自分」ではなく「盛大な拍手を受ける自分」といった具合です。また**「失敗しても死ぬわけじゃないし」**ぐらいの思考で楽観的にいることも大切です。

人前で緊張するもう一つの原因は、**あがらないようにしようと、「集中」してしまうことです。**誰でも「落ち着け、落ち着け……」と緊張を抑え込もうとすれば逆に緊張が高まってしまいます。

そんなときは無理に自分を落ち着かせようとせず、いったん目の前のことは忘れて腹式呼吸をしたり、簡単なストレッチをしたりするとよいでしょう。ガチガチになった体と心がほぐれることで緊張が自然に和らいでいきます。

また、スピーチやプレゼンで緊張する人は**「反復練習」**が重要になってきます。自分が話すことは一度紙に書いて、何度も声に出して覚えるようにしましょう。要は「体に覚えさせる」わけですが、入浴中や、寝る前のベッドの中など、リラックスした状態で行うと効果的です。

その結果、鼻歌のように口から言葉が出てくるようになればＯＫ。体で覚えているので、たとえ本番であがってしまっても自然に話を続けられるようになります。そして一度スピーチがうまくいけば、「成功体験」が脳にインプットされ、人前で話すことに自信が持てるようになるでしょう。

Point
- 過度な「公的自己意識」は緊張の原因になってしまう
- 緊張を感じたら、腹式呼吸とストレッチをする

悩み

周りの目が気になってしまいます

「自分の評価基準はこれ!」という軸を持つ

人の目を気にする原因として、**「依存心の強さ」**と**「完璧主義」**が挙げられます。

依存心の強さは、多くのケースで幼少期の親との関わり方が影響しています。親からの愛情が少なかった人は、他人に愛情を求めるようになり、依存心が強くなります。その結果、人に嫌われたくなくて、自分を他人の物差しに合わせるという性格が形成されてしまいます。

完璧主義も大きな原因です。人から非難を受けたくない、できるだけ完璧でありたい、そういった意識が強い人は他人の評価がつねに気になるわけです。

他人の目を気にするということは、**マズローの欲求5段階説**でいえば、他人から価値を認められたいという**「承認欲求」**に当たります。承認欲求は「周りから評価されるためにもっと頑張ろう」とモチベーションアップにもつながります。

しかし、この欲求が強すぎると、日常生活の言動に制限がかかってしまったり、失敗を恐れて事なかれ主義に陥ってしまったりと、さまざまな弊害が出てきます。

マズローの欲求５段階説

依存心の強さ、完璧主義といった性格を直す最大の近道は、**「評価基準は人それぞれ」**ということを理解し、それを肝に銘じることです。

仕事でも「丁寧さ」を重視する上司がいれば、「早さ」を高く評価する上司もいます。またファッションでも街を歩く人の好みはさまざまです。

それらすべての人に自分を合わせることはできないし、無理に合わせようとすればおかしなことになってしまう、と理解するべきです。

また**「得意分野を持つ」ということも重要**です。「これなら人に負けない」という分野があれば、自分自身に自信を持つことができ、周りの目も気にならなくなります。

さらにみんなから評価されることよりも、自分自身が好きで自分の成長が楽しい、活動そのものが楽しいということも大事です。

これを**「内発的モチベーション」**といいます。

賞罰やお金、名誉など外部から与えられる刺激を基準にした動機ではなく、単純に自分が好きで楽しめること、「他人がどう思おうと自分の評価基準はこれ」という物差しを持つことができれば、他人の目は気にならなくなります。

Point
- **「承認欲求」は強すぎると自分に制限をかけてしまうことも**
- **「これなら負けない！」という得意分野を持つ**

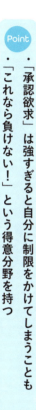

悩み

ストレス発散の仕方がわかりません

「何もしない」「自分を甘やかす」でストレス発散！

放っておくと徐々に体を蝕《むしば》むストレス。

ストレス解消がうまくいかない大きな理由として、「ストレス解消法が逆にストレスになっていること」が挙げられます。ストレス発散は「何かをしよう」ではなく、**逆に「何もしない」ことも効果的。**一日何もせず家でボーッとするというのも有効な方法なのです。

たとえば、モヤモヤを晴らすためスポーツジムで汗をかいたところ、かえって疲れて次の日はダウン。また、気分転換のお酒でついつい飲み過ぎてしまい、翌日に二日酔い……なんて笑えない話もあります。

じつはこれらに共通しているのが**「ストレス解消を一生懸命行ってしまう」**ことです。本来、運動や趣味は適度に行うもの。やりすぎやしたくないことをすると逆効果になります。

一生懸命取り組まなくてよいストレス発散方法に、**日中の散歩**があります。散歩の際はリズムよく、「1、2、1、2……」と歩くようにしてください。なぜなら、人は規則のある反復行動をするとセロトニンの分泌量が上がるといわれるからです。この**セロトニンは脳の活動を活発化させ、精神を安定化する働き**があります。

そして、日光浴もセロトニンの分泌を促してくれます。よく晴れた日に散歩に出かけることもよいですが、**起床後30分以内に日光を浴びる**ことも十分に有効です。朝起きたら必ずカーテンを開けることを心がけるとよいですね。

また、気持ちや体の切り替えがうまくできていないことも問題です。たとえば仕事の休憩時間に気分転換として会社近くの喫茶店に行っても、仕事のことが頭から離れず結局気休めにならなかった……なんてことがあります。

この場合は会社、つまりストレスの元凶である「ストレッサー」が近くにあるため、気持ちの切り替えがうまくいかないのです。ストレスを解消する場合は、

その原因からできるだけ遠ざかってください。同様に家に仕事を持ち帰らない、自宅ではスマホの電源や通知をオフにするなど、元凶を完全にシャットアウトするのも効果があります。

さてここまで紹介してきた原因から、ストレスを解消できないタイプは「真面目な性格の人」だということがわかります。このタイプはストレスを抱えても「これくらい我慢しなきゃ」「まだまだ大丈夫」と考えてしまい、さらに頑張ってしまいます。こうした人は**「自分を甘やかす習慣」を身につける**とよいでしょう。

ストレスは重大な病気を引き起こす危険な存在です。早めの対処を心がけてください。

Point
- **ストレス発散は「ちょうどよい量」を心掛ける**
- **「我慢のしすぎ」と「まだ大丈夫」は危険！**

悩み

優柔不断ですぐに決断できません

失敗を恐れず、
自分の直感を信じる

優柔不断の原因に、「自分の選択に自信が持てない」というものがあります。自分の選択に自信が持てないのは、単純に**経験値不足**か、その対象に対する**知識不足**である可能性が高いのです。

つまり、経験と知識を高めることにより、迷わずに選択できるようになります。

優柔不断な人は、周りの意見に流されることも多いようです。

しかし、人の意見を聞いてばかりでは優柔不断を直すことはできません。自らの判断で選択したことは、それだけで経験につながりますが、**人の意見ばかり聞いていては、なかなか自分の経験として蓄積されません。**

たとえば二者択一の選択があったとします。AとBという選択肢を比べる際に参考材料となるのが、それぞれが有しているメリットです。メリットが大きいほうを選ぶのが普通ですが、なかにはリスクが小さいほうを選ぶのが正解というシチュエーションもあります。選択という行為には、メリットやリスクを比較して判断する力が働いているのです。

この判断力は、**経験や知識が豊富になるほど自然と高まり、**それにより自信を持って直感的に選択できるようになります。


アメリカの認知心理学者であるゲイリー・クラインは、時間制限が厳しく、かつ判断がもたらす結果の影響が大きい状況で、人は経験をもとに状況を判断し、可能な解決法を直感で導き出すことを発見しました。

直感は問題の有効な解決方法を考え、意思決定を行う能力を含んでいるのです。


また、優柔不断な人の多くは、**「ツァイガルニク効果」**にもとづいて間違いや失敗を恐れる傾向にあります。ツァイガルニク効果とは、途中で失敗したり、諦めてしまったことを、達成できたことよりもよく覚えていることです。

たとえば試験の後に、スラスラと解けた問題より、最後まで解答できなかった問題のことをずっと考えてしまった経験はありませんか。

これにより自分の選択から生じるリスクに不安を感じて、なかなか選ぶことができないのです。

よって、**「失敗することは悪いことではない」**という、ちょっとした考え方の転換が必要です。たとえ自分の選択がそのとき間違っていたとしても、失敗から多くのことを学べるため、それ以降の判断がより正確になります。

そもそも**選択に失敗はつきものです。**どれだけ判断力がある人でも時には失敗します。

失敗を恐れすぎず、トライ&エラーを繰り返すことで、正しい判断力、またそれに裏打ちされた迷いのない決断ができるようになるはずです。

Point
- 人の意見ばかりを聞いていると決断力が衰える
- 選択力は失敗しながら鍛えていく

2章

「できない」が「できる」に変わる心理術

その苦手意識は
単なる思い込みだった!?

悩み

暗記が苦手です

「すぐ復習」で記憶を逃がさない

暗記が苦手な最大の理由は**「自分は暗記が苦手だ」という思い込み**にあります。思い込みが続くとそれが深層意識となって心の中に根づきます。

深層意識がネガティブな場合、それが自分の意志に関係なく能力を「萎縮」させてしまう原因になることがよく知られています。

萎縮しているがゆえ、効果的な暗記法を試すこともなく、いざ覚えようとするときでも、うまく頭を働かせることができません。

暗記が苦手な人は自分に合った暗記法を見つけることが必要です。それにより暗記が得意になれば苦手意識が次第に消え、深層意識もポジティブなものへと変わっていきます。

暗記が得意な人は「鳴くよ（794年）ウグイス平安京」のように、物事を覚えるときに面白い**語呂合わせ**をしたり、**仲間と問題を出し合って覚えたり**といったような独自の工夫をしています。

エビングハウスの忘却曲線

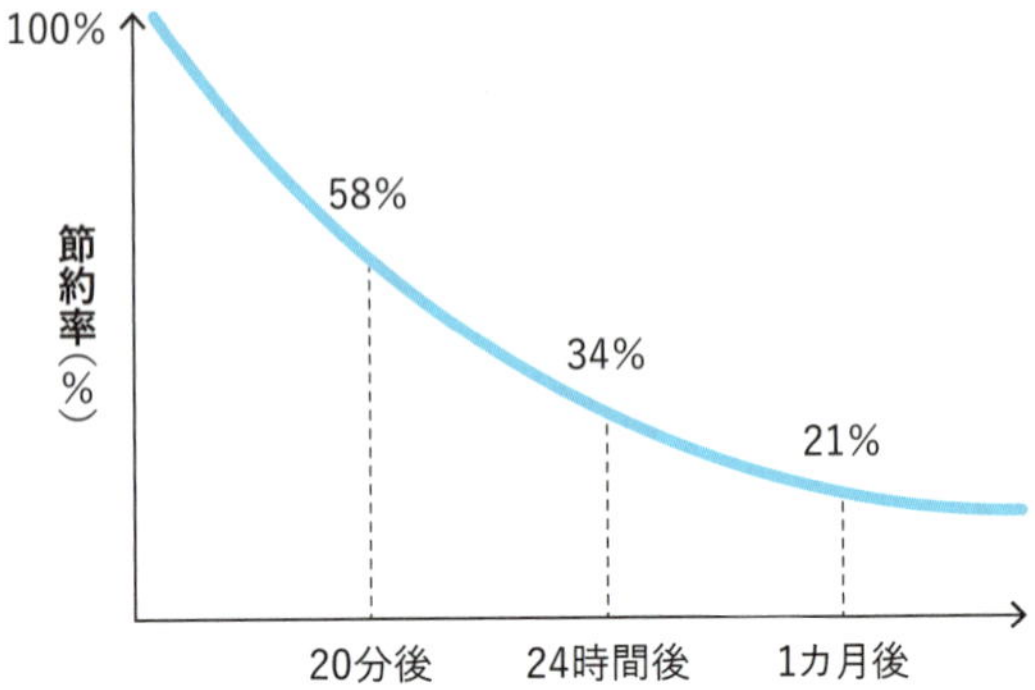

さらに覚えたいことを何か別のこと、たとえばエピソードやイメージと関連づけることで暗記力を高めています。

脳科学ではこれを**「エピソード記憶」**と呼んでいます。

たとえば「argument（＝議論）」という単語を覚えるときは、身近にいる人で議論好きな人と関連づけるのです。具体的にはargumentを覚えるときに、その人が議論をしているシーンを一緒にイメージします。たったこれだけで格段に単語が覚えやすくなります。

さらに暗記上手は、**何度も繰り返すことで記憶を脳に定着させます。**

「エビングハウスの忘却曲線」というグラフがあります。これは記憶の定着しやすさについての数値です。

心理学者のヘルマン・エビングハウスは音節を聞いて、それを再び覚え直す行為を繰り返し、最初の学習と復習にかかった時間の差を算出しました。

つまり、学び直しに費やす時間コストの「節約率」を導いたのです。

これによれば人は何かを覚えたとき、1カ月後に覚え直すと21%、24時間後は34%、20分後は58%の節約率で記憶できるとされます。

忘却を防ぐためには、何度かに分けて暗記する必要があります。たとえば夜覚えたことは、翌朝に復習。さらに数日後にもう一度復習をする、といった具合です。こうした方法であなたも暗記の達人になることができます。

Point
・語呂合わせやエピソード記憶術を活用する
・記憶は数日以上かけて定着するもの

悩み

好き嫌いを克服できません

食べ物と「嫌な記憶」は切り離す

食べ物の好き嫌いの一番の原因は、その食べ物にまつわる「嫌な経験」です。これに関してはネズミを使った実験があります。実験用のネズミに経験したことのない新しい味のエサを与え、その後嘔吐剤を注射すると、ネズミはそのエサを二度と食べなくなるというのです。

これは味覚嫌悪学習という実験なのですが、**食べ物は嫌な経験とともに脳に記憶される**ということがよくわかります。

人間も同様に「食欲がなかったのに親に野菜を無理やり食べさせられた」「体調が悪いときに魚を食べたら、変な味がして下痢をした」など、嫌な経験があると、その食べ物を嫌いになってしまいます。

さらに幼少期に苦手な食べ物が多かった方や、子どもの偏食に悩む親御さんも見かけます。私たちは本能的ににおいや苦みで、食べ物が腐っているかどうかを判断します。これは子どもも同じです。見た目が暗い色をしているものや、苦みのある野菜などはどうしても嫌う傾向にあります。体のことを思うと、野菜を多く食べてほしいとは思いますが、成長の一環としてゆっくり見守ることも必要です。とくに、「なんで食べないの」と責め立てるような食事の雰囲気はマイナス効果です。食事の時間がトラウマになってしまわないようにしましょう。

対策としては、**嫌な経験と食べ物の味覚、におい、見た目などを切り離す**ことです。「ニンジンをすりおろしてお菓子やカレーに入れ、ニンジン嫌いな子どもに出したら、食べられるようになった」という話をよく聞きます。

つまり調理法を変えることで嫌悪感がなくなる場合があるのです。その方法は以下の三つにまとめられます。

① 食感が嫌いな場合は、**大きさや切り方、調理法を変えて食べる。**

② においが嫌いな場合は、**よりにおいの強いものと一緒に調理する。**

③ 見た目が苦手な場合は、**好きなものと一緒に食べる**（たとえばカレーなど）。

さらに大人の場合、嫌いな食べ物にどのような栄養があるのか、体にどのようなよいことがあるのかを調べてみるのもよいでしょう。生活習慣病を予防する、頭がよくなるなどのメリットを知ることで、その食べ物に対するイメージが向上します。

ただし無理やり食べるのは厳禁です。かえって嫌いになってしまう恐れがあります。またアレルギーなどの心配もあるので、嫌いな物を食べる場合、心配なら事前にかかりつけの医師に相談するのがよいでしょう。

Point

- **食べ物は嫌な経験の記憶と結びつく**
- **栄養素などを知り、イメージを改善**
- **苦手な物を無理に食べるのは逆効果**

悩み

いつも読書が続きません

つまらなかったら
別の本を読んだってＯＫ

心理学的に見ると、読書嫌い、もしくは読書が苦手な人は、次の三つの「固定観念」を持っています。「本は頭から読み進めないといけない」「買った本は最後まで読まなければならない」「本を読むにはまとまった時間が必要」というものです。

① 本は頭から読み進めないといけない

ほとんどの人は、「本は頭から読み進め、最後まで読むべきもの」と考えています。一種の呪縛ですが、それでは時間がかかり、興味がない本だったらすぐに飽きてしまいます。

おすすめは**「飛ばし読み」**です。本を一字一句すべて読む必要はありません。まずは目次をじっくり見て、興味がある箇所から読んでください。飛ばし読みに抵抗がある人も多いかもしれませんが、それでも読まないよりはましです。

飛ばし読みでその本を面白いと感じれば、興味がなかった部分も進んで読むことになるでしょう。

② 買った本は最後まで読まなければならない

読み始めて「ちょっと面白くないな」と感じたら、さっさとその本を閉じてください。

一度買ったものは読まないともったいないと挑戦し、結局後悔する人が多いようです。この心理現象は、**「サンクコスト効果」**とよばれます。すでに払ったコストにとらわれ、合理的な判断ができない心理傾向のことです。

しかし、別の本を手に取るほうが時間を有効に使えるでしょう。

③ 本を読むにはまとまった時間が必要

多くの人はまとまった時間で本を読もうとする傾向があります。しかし時間がないことを理由に結局読書を避ける人も少なくありません。

よく読書する人はまとまった時間ではなく、**スキマ時間を利用して本を読んでいます。**電車を待っている間、病院の待合室での順番待ちなど、わずかな時間を利用して少しずつ読み進めるのです。

これなら短時間なので集中力も長続きします。読書が苦手なら、**一日たった10分でもよいので、本を開く習慣**を身につけるとよいでしょう。

そして読書が苦手な人は、長編より短編を、難しそうな本より興味を持てるジャンルを、まずは手に取ってみましょう。図解や絵が多いものも最初のステップにはおすすめです。書店やインターネットで今話題の本を探してみることも、面白い本に出合うきっかけになります。まずは、「読みたい！」と思える本を探してみましょう。

Point

- **「読書は難しい」というイメージを取っ払う**
- **好きなものを少しずつ読み始める**

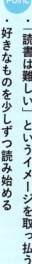

悩み

方向音痴でよく道に迷います

ビルや山を目印にして方向感覚を失わない

地図アプリを使いながら目的地まで歩いていても、道に迷ってしまい待ち合わせ時間に遅刻してしまった！　という経験はありませんか。

われわれ人間は脳の海馬といわれる部分で、方向や距離などの**「空間記憶」**を認知しているといわれます。方向音痴の原因については、この空間記憶が関係しているのではと考える向きもありますが、じつはまだよくわかっていません。ただ方向音痴の人と、方向感覚に優れた人には大きな違いがあるため、後者の行動を学ぶことで方向音痴をある程度改善できます。

方向感覚に優れた人は、**「ランドマーク」**を意識しています。ランドマークとは、たとえば遠くに見える**高層ビル**や**山**です。一度ランドマークを見つけておけば、自分が向かっている方角や距離がわかるので、道に迷うことも少ないのです。

また方向感覚に優れた人は、観察力に秀でています。つねに**曲がり角**を確認し、その角をどちらの方向に曲がったのかをしっかり頭に入れているのです。さらに「公園があった」「体育館の横を通った」など、**周囲の風景**もよく覚えています。だから初めての土地でも来た道を迷うことなく戻ることができるのです。

こうした能力はすぐに身につくものではありませんが、日々意識し習慣化することで、少しずつ方向感覚が向上します。

方向音痴の人はこの能力に欠けているため、自分が立っている位置や方角を正しく把握できず迷子になります。

以下は方向音痴の人がよく経験することです。

・地図を見て歩いても間違った方向に行ってしまう。
・道を戻る際に、来た道順がわからなくなる。
・初めての場所は東西南北がわからなくなる。
・地下に入ると出口がわからなくなる。

道に迷う原因としては、自分の勘を頼りにして行動するという点が挙げられます。「たぶんこちらの方角だろうな……」「だいたい200mぐらい先かな」と地図で確認せず進むわけです。

これも道に迷う大きな原因の一つで、方向感覚を高めるには**「自分の勘には頼らない」クセ**を持つべきなのです。

なお、男性より女性のほうが「自分は方向音痴だと思う」と答える割合が高い傾向にあります。しかし心理学の研究でも、脳科学の研究でも、明確な性差は出ていません。

Point
- **目的地に行くまでのランドマークを見つける**
- **風景や曲がり角を覚えて道順を忘れない**

悩み

文章がうまく書けません

やさしい言葉で まずは気軽に書いてみる

文章を書くことが苦手な人には三つの特徴があります。

「いきなり書こうとする」「難しい言葉で書こうとしている」「人に好かれる、人を感動させる文章を書こうとしている」というものです。

じつはこれを改善するだけで文章が飛躍的にうまくなります。

① いきなり書こうとする

いわゆる「せっかち型」です。準備せずに書き始めるのでミス・間違いが多く、文章もうまくまとまりません。

このタイプの人は、時間に余裕を持ち、落ち着いて文章に向かうことで、ミスが少なくなり思い通りの文章が書けるようになります。

またいきなり文章を書くのではなく、事前に資料を集める、思いついたことをメモに残すなど、**下準備をすることでより書きやすくなり、**苦手意識が解消されます。文章の構成を決めて書き始めることもよいでしょう。最初に最も伝えたいことを書き、その後に理由や背景、そして最後に結びの言葉を持ってくるのです。

② 難しい言葉で書こうとしている

文章が苦手な人は「他人から褒められる文章を書かなければいけない」と考える人が多いようです。これは一種の**自己顕示欲の表れ**です。

こうした人は「バカにされたくない」という意識も持っています。だから、あえて難しい言葉を使おうとする傾向にあります。

使い慣れていない言葉で書くため時間がかかり、表現も遠回しになるので内容がストレートに伝わりません。これが苦手意識を生む一因にもなります。

一方、文章の上手な人は、**平易な言葉で文章を書きます。**その結果、読みやすく親しみやすい文章になるのです。文章を書くときは、無理して難しい言葉を使わず、自然体で書くようにしましょう。

③ 人に好かれる、人を感動させる文章を書こうとしている

心理学的に見れば、「みんなに好かれたい」「認められたい」という**承認欲求の**

強いタイプです。しかし人の好みは千差万別。みんなに好かれる文章なんていうものは存在しません。このタイプは**読み手を意識せずに書く**ことを心がけてみましょう。

文章力を鍛えるにはまず「書くこと」をおすすめします。SNSやブログなどは、楽しみながら文章を書けるツールです。自分に合った方法で、文章力を鍛えてみてください。

Point
・まずは気負わずに書き始める
・SNSなどで文章を書く楽しさを味わう

悩み

パソコンに抵抗を感じます

毎日さわって遊び感覚で使ってみる

仕事でパソコンを毎日使うという人もいれば、あまり使わない人、もう何年も使っていなくてまったく自信のない人、などさまざまかと思います。

パソコンが苦手な理由として、慣れていないことで生じる「パソコンは難しい」という**先入観**、「壊したらどうしよう」という**不安・恐怖心**が挙げられます。

一方、ある程度パソコンに慣れていても「苦手」と感じることがあります。それはユーザーが「せっかち」な場合です。

まず先入観から説明していきます。「自分にはできない」と思い込み、どう操作すればよいのかわかろうとせず、結局なにもしないままに終わってしまいます。

こうした心の壁のことを心理学では**「メンタルブロック」**と呼びます。人間が何か行動を起こす際に「できない」「無理だ」と否定的に考えてしまう思い込みのことです。

このタイプは「取りあえずパソコンに触れる」のが一番。家にパソコンがあるなら放置せず、電源を入れてみるだけでOKです。

毎日触れることでパソコンに慣れてくれれば、「次はこれをやってみよう」と次第に先入観も消えていきます。**パソコンは「学ぶ」より「遊ぶ」という姿勢のほうが上達します。**子どもたちの上達が早いのはこうした理由からです。大人もゲーム感覚で始めるとよいでしょう。

また、「壊したらどうしよう」というパソコン恐怖症の人も多いようです。しかしパソコンは簡単には故障しません。画面が切り替わる、文字入力がうまくできないといったことはありますが、それらは故障ではありません。

何か不具合が起きたら**パソコンに詳しい人に聞くクセ**をつけておけば、恐怖心は簡単に消すことができるでしょう。

ある程度慣れていても、インターネットを使っていて「反応が遅いな」「もっとサクサク動かないのか」と感じてしまう人は、パソコンが苦手と思いやすいようです。イライラした結果、あちこちボタンを押し続けてフリーズ……といった事態を招くからだと考えられます。

こうしたイライラ派には、週に一度日を決めて古いデータを消去したり、デスクトップを整理整頓したりするなど、大掃除を行うことをおすすめします。

そしてパソコンに向かうときは気持ちの余裕を持つこと。さらにイライラしたら席を外して気分転換を行うなどストレスコントロールを行いましょう。

Point

・「メンタルブロック」は新しいチャレンジを妨げてしまう
・パソコンはゲーム感覚で始める

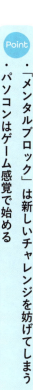

悩み

人前で歌うことが苦手です

歌声より重要なのは 態度・表情・選曲

人前で歌うことが苦手な理由は、不要な「思い込み」と「気遣い」にあります。歌うことが苦手な人には、実際はそれほど下手でもないのに**「自分は音痴だ」と思い込んでいる人が多いようです。**

このタイプは些細《ささい》な音程のズレや歌詞の間違いが気になり、うまく歌うことができません。しかし本来仲間内で行われるカラオケなら、聴く側は多少のミスはほとんど気にしないものです。要するに自分自身の思い込みに過ぎません。

また「下手な歌唱で場を白けさせたくない」という気遣いも必要ありません。場を白けさせるのは歌の良しあしより、むしろおどおどした態度や暗い表情です。**メラビアンの法則**によれば人は矛盾したメッセージ（表情は笑顔なのに言葉は厳しい内容であるケースなど）を受け取った場合、聴覚情報より視覚情報を優先します。

つまりたとえ歌が下手でも、明るい表情、しっかりした声で堂々と歌えば、周

メラビアンの法則

（感情や態度について矛盾したメッセージが発せられた場合）

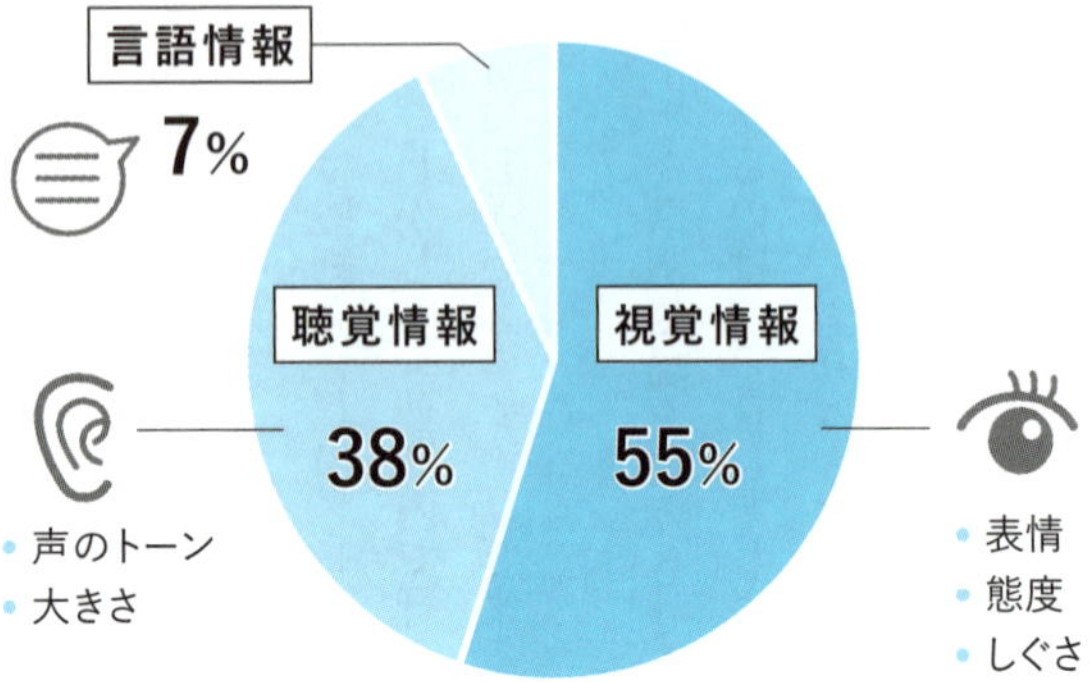

りはあなたに好感を持ってくれるでしょう。

次に「流行りの曲を歌わなければいけない」という強迫観念も大きな障害になります。

調査において、「みんなでカラオケに行く場合、どんな歌を歌うようにしていますか？」という質問に対しては、第1位が「自分が歌いたい歌」、第2位が「みんなが知っている歌」、第3位が「なつかしい、思い出の歌」、第4位が「みんなで歌える歌」、第5位が「流行りの歌」という結果が出ています。

これによれば、選曲は「流行りの歌」よりも、「自分が歌いたい歌」や「みんなが知っている歌」「なつかしい歌」を選んだほうが、周りの評価は高いということになります。人は昔流行った曲を聞くと、過去の思い出がよみがえり感傷的な気分になります。

つまり昔のなつかしい曲を選んで歌えば、**多少歌が下手でも聞く側の共感を得られる**わけです。

このように不要な「思い込み」や「気遣い」をなくすだけで、歌への抵抗感はグッと減るはずです。その上で場数を踏めば、あなたも「歌が苦手」から「得意」に変わることができるのです。

Point

- **矛盾した情報を得た場合、人は声より「視覚情報」を信用する**
- **選曲は「自分が歌いたい歌」や「なつかしい歌」がよい**

悩み

料理が下手で上達しません

頼りにすべきは「感覚」よりも「レシピ」

料理が下手な人は自己流で料理をして失敗することが多いようです。その原因は**「認知バイアス」**によるものです。

認知バイアスとは生活習慣や固定観念などにより、非合理的な判断を下してしまうこと。つまり、「思考の偏り」です。

これにより、**先入観で味つけや調理をしてしまうわけです。**

さらに料理が下手な人は「下ごしらえをしない」「調味料の量が適当」「味見をしない」「火加減が適当」などの特徴を持っています。

しかも自信過剰であるため「料理なんて簡単なものだ」と考え、自らのやり方を変えません。自信過剰な人は、客観的な事実を見ず、自分に都合がよいほうに物事をとらえる傾向にあります。

普段の生活で、ある程度の「大丈夫だろう」という自信は必要ですが、料理は少しの差で味に変化が出てしまうため、丁寧に取り組むことをすすめます。

一方、料理上手は自分を過信しません。調味料は目分量ではなく必ず量り、食材の投入の順番はきっちり守って、レシピ通りに作ります。下ごしらえや計量の手間を厭《いと》わないことで、おいしい料理ができあがるのです。

つまり料理が下手な人でも、レシピを守るだけで簡単に料理上手への第一歩を踏み出すことができるというわけです。

また、料理が下手な人は「他人に料理を振る舞う機会があまりない」ということが指摘されています。

家族や友人などに料理を振る舞うことで、客観的評価を得ることができるのですが、料理が下手な人にはそのチャンスがありません。料理の腕を上げたいと思うのなら、**真っ先に「食べてくれる人」を作るべきです。**

ここまで「味」に焦点を当ててきましたが、料理上手になるためには**「色彩心理学」**も考慮しなければなりません。

食べ物と色彩は密接な関係を持っており、人間が料理のおいしさを感じるとき、**五感の中で視覚が占める割合は87%**だという研究結果もあります。

つまり彩りや盛りつけを変えるだけで、あなたの料理に対する他人の評価が変わります。この点に留意し、他人に料理を出すときには鮮やかな色の食材を添え、見た目を華やかにするように心がけましょう。

Point

・料理において、「なんとなく」や「大丈夫だろう」はキケン
・人に食べてもらい客観的な感想をもらう

3章

好感度爆上がりのコミュニケーション心理術

相手の心理が手に取るようにわかる！

悩み

相手の目を見て話せません

まずは相手の鼻やおでこなど「目の周辺」を見る

相手の目を見ないで話すデメリットとはいったい何でしょうか。

一つは相手に**「話を聞いていない」と思われてしまう**ことです。また**「自信のない人間だという印象」を与えてしまう**場合もあります。

とくに面接や商談などでは、相手の目を見ないで話す、相手が話しているのに目を見ないというのはかなりマイナスだということになります。

目は相手に多くの情報を伝えます。

視線を用いたコミュニケーションは**「アイコンタクト」**と呼ばれ、自分の感情やメッセージをお互いに伝え合うことができます。アイコンタクトは非言語コミュニケーションに分類され、スポーツではチームプレーの技術として使われることがあります。

しかし、世の中には「人と目を合わせることが苦手」という方が結構多いようです。相手の目を見て話せない原因としては大きく次の二つがあります。

① 相手から自分がどう見られているのか気になってしまい、相手の目を見ることができない。

② 相手が不快な思いをするのでは、という不安から目を見ることができない。

前者は過剰な**公的自己意識**（33ページでも紹介）が関係しています。この症状がひどくなると対人恐怖症になってしまいます。

人前に出るときは誰でも緊張するものですが、それが過剰になると苦痛や悩みが増大し、社会生活に支障が出てきてしまいます。

さて対処法ですが、まずは家族や友達にあなたの**「視線のクセ」**を聞いてみるとよいでしょう。

自分のクセを把握し、家族や友達に視線の動きを見てもらいながら話す練習をすることで、比較的簡単にクセを直すことができます。

その上で実際に会話をするときには、相手の鼻やおでこなど、**「目の周辺」を**

見るとよいでしょう。これなら目を直視するより心の負担が軽くて済みます。

まずは**相手が話をしているときに、目線や体を相手に向ける**ようにしましょう。そうすることで、「話を聞いています」というサインになるのです。

その上自分が話しているときに目線を意識するより、リラックスして相手に目を向けることができます。徐々に「アイコンタクト」ができるようになり、自分自身が話しているときに相手の目を見られる回数も増えていきます。

また手元に資料がある場合は、できるだけそれに目を落とすようにして、必要なときにだけ相手の目を見るというのも手です。ただし世の中にはあなたと同じような視線恐怖症の人もいるので、相手の目を見すぎない注意も必要です。

Point

・アイコンタクトは相手によい印象を与える

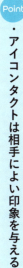

悩み

初対面の人が苦手です

自分の情報も話しつつ、相手の仕草をマネる

人は初めての人に会うときに警戒してしまう特性があります。「相手はどんな人かわからない」「自分について話すのは控えよう」と考えるのですが、その結果会話も弾まず「自分は初対面の相手が苦手……」となってしまうわけです。

初対面の人に対しても自らをオープンにすることで、相手も安心感を得られ会話が弾みます。

このようにファーストコンタクトで相手によい印象を与えれば、**初頭効果**として、その後もよい関係を築くことができます。

初対面の人と話すときはまず警戒感のレベルを下げ、**「自己開示」**する必要があります。自己開示とは心理学用語で、自分の**プライベートな情報**を他人に伝える行為のことです。

たとえば「最近筋トレにハマっていて……」とか「先週は家族で温泉旅行に行きました」などと、ごく単純な自分のプライベートな情報を相手に伝えるのです。

そうすると、自己開示された相手は逆に自分も自己開示したくなるという**「返報性の原理」**が働きます。「私もこの前ジムに入会したんです」「へぇ、どちらまで行かれたんですか」と自然な流れで会話のキャッチボールを始められるのです。

さらに自己開示だけでなく、相手の**情報収集**も重要になります。それにより共通の話題を見つけることができれば、より気軽に会話をすることができるのです。たとえば簡単な質問でＯＫです。「こちらまでは電車で来られたのですか？」「ご出身はどちらですか？」といった具合に質問を投げかけていくわけです。

人は誰でも自分に関心を持ってもらえるとうれしいものです。質問することで相手の共感をつかめれば上手に会話することができます。

さて初対面で気をつけなければならないのは会話だけではありません。視線や声のトーンなど非言語コミュニケーションにも注意する必要があります。姿勢を正し、相手をまっすぐ見つめるだけで、相手に好印象を与えることができます。

また**ミラーリング効果**などの心理テクニックを使えば、さらに相手によい印象を与え、会話をスムーズに進めることができます。人は**自分と同じような仕草や、表情を見せる相手に好意を抱く**傾向があります。

ミラーリング効果は、その特性を利用した心理テクニックです。相手が飲み物を飲んだタイミングで自分も飲む、相手がうなずいたときは自分もうなずくなど、わざとらしくない頻度で少し間をあけて、相手を真似するのです。自然な範囲で好意的に思われたい相手と同じ行動や仕草をとってみてください。

Point
・「自己開示」と「返報性の原理」で会話のきっかけを
・ミラーリング効果で相手に親近感を与える

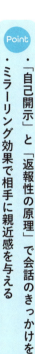

悩み

異性とも仲よくしたい

会う回数を増やして、まずは聞き役に徹する

異性と話すのが苦手な原因としては、①恋愛経験がない　②相手に気を遣いすぎる――という二点が挙げられます。

①はいわば慣れの問題。経験が豊富な人は異性と話すことに難しさを感じませんが、少ない人はどうしても緊張して話せなくなってしまいます。

ただ恋愛は相手があってのことなので、経験を積むといっても難しいものがあります。

そこでおすすめなのが趣味のサークルなどに入会し、異性のメンバーと積極的に話す機会を持つこと。趣味の話題ならば誰でも盛り上がりやすく、サークルなので自然に何度も接触できます。この**「何度も」**という点がポイントで、何度も接触するとお互いの好感度が増すことが心理学では証明されています。

これは**「単純接触効果（ザイアンス効果）」**と呼ばれるもので、アメリカの心理学者、ロバート・ザイアンスが提唱した理論です。

なお、会うという行為にはLINEやメールも含まれます。これらの手段は直接向き合っているわけではないので、緊張せず会話を楽しむことができます。

②はいわゆる**「自意識過剰」**が原因です。「こんな話をしたら相手はつまらないと感じるかも」などとあれこれ考えてしまい、その結果相手にも緊張が伝わってしまうのです。

対策としては、まず「相手によく思われたい」という考えを頭の中から消し去ることです。さらに「うまく話そう」という考えも捨ててしまいましょう。テレビでは、素朴な語り口が人気のタレントが大勢います。世間では流暢《りゅうちょう》な話し方ばかりが受けるわけではないのです。

以上のことを頭に入れたら、次は実践的な会話術を学んでいくことが大切です。

一つめのテクニックは**「聞き役に徹する」**です。その際「なるほど」「そうなんですね」とあいづちを打ったり、相手の言葉にうなずいたり、といった方法で会話を進めます。これは**「あいづち効果」**や**「うなずき効果」**ともいわれ、相手の自分への好感度を高める方法として知られています。適度なあいづちは話し手の聞き手に対する好感度を高めるだけでなく、話に対する集中力が高まることもわかっています。

二つめのテクニックは相手との**共通点**を見つけること。最初は「食べ物は何が好きですか?」「どんなスポーツをやっていますか?」などの汎用性が高い質問で相手との接点を探しましょう。その結果お互いの共通点が見つかれば、苦痛を感じることなく話を進めることができます。

Point

- **相手と「何度も」接触することで好感度を高める**
- **「話し上手」より「聞き上手」になることが効果的**

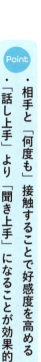

悩み

なかなか人の名前を覚えられない

打ち合わせの最中に相手の名前を口に出す

相手の名前を覚えられない、もしくは思い出せないということに関連した心理現象として**「ベイカーベイカーパラドクス」**があります。

ベイカーという名前のパン屋さん（パン屋は英語でbaker＝ベイカー）がいて、その人がパン屋であることや、白い服でパンをこねる姿を思い出せても、名前だけはどうしても思い出せないという現象です。

つまりある人物を思い浮かべたときに容姿や職業、趣味などは人物と関連づけやすいので忘れにくいのですが、名前だけは他の情報との関連がないので忘れやすいというわけです。

対策としては名刺のすみや裏、メモ帳などに相手の特徴や関連情報、似顔絵などを書き留めておくのがよいでしょう。「○○部長からの紹介」など**出会った経緯**も後から思い出すときに役立ちます。

打ち合わせの最中に**相手の名前を口に出す**ことも、テクニックの一つです。ただ単に「どう思いますか」と聞くときも「**○○さん**はどう思いますか」と名前を足すことで、記憶を定着させる一助になります。
また、イメージ化を利用した方法で覚えるという手があるので紹介します。

① まったく関係のないイメージをその人に結びつける

たとえば、大田さんという名前ならその人が大きな田んぼの中で田植えをする姿、香川さんならうどんを食べている姿をイメージします。

② 複数の人物の顔を関連づけて覚える

たとえば、佐藤さんAという人を覚える場合、仲がよい他の佐藤さんBと佐藤さんAが一緒にいるところをイメージして、セットで覚えます。セットにするのは芸能人でもOKです。
この妄想イメージで左脳 **（文字情報処理）** と右脳 **（視覚情報処理）** の両者を連携させることができます。脳全体を使うことで記憶力が飛躍的に伸び、効率よく人の名前を覚えられるのです。

さて、名前が思い出せないもう一つの原因としては「**前頭葉機能の低下**」が挙げられます。脳には情報をインプットする機能とアウトプットする機能がありますが、この両者には前頭葉が関連しています。

名前を記憶し、うまく出し入れするためには、前頭葉が十分に機能しなければなりませんが、脳機能の低下が進むとそれがうまくいかなくなってしまうのです。前頭葉の機能が低下する原因はストレス、睡眠不足などがあります。物忘れがひどいと悩む人は、よく眠ってストレスが少ない「脳によい」生活習慣に変える必要があるのです。

Point

- **名前以外の情報が記憶のカギとなる**
- **記憶する相手とは関係のない人・イメージも関連づける**

悩み

自己肯定感が低い

必要以上に反省していませんか？

国立青少年教育振興機構の調査（2018年）によれば、**「自分は価値のある人間だと思う」**という問いに対して、「そうだ」「まあそうだ」と答えた人は中国が80・2％、韓国が83・7％、アメリカが83・8％でした。

一方日本ではわずか44・9％という数値です。つまり、**わが国で「自己肯定感が高い人」は半数に満たない**のです。

自己肯定感が低いとどんな弊害があるのでしょうか？

自己肯定感が低い人はつねに「人に嫌われていないか」を気にするようになります。そしていつまでもその感情にとらわれ、「他人から嫌われないように自分を変えよう」といった前向きで建設的な行動に出ることができません。

また諦めや逃避といった特徴もあります。何かやりたいことがあっても、「自分には無理だな」と考え、結局何もしないままの状態を続けてしまうのです。つねに「自分はダメな人間」と考えているため、自らの可能性を認められず、何事にもチャレンジすることができません。

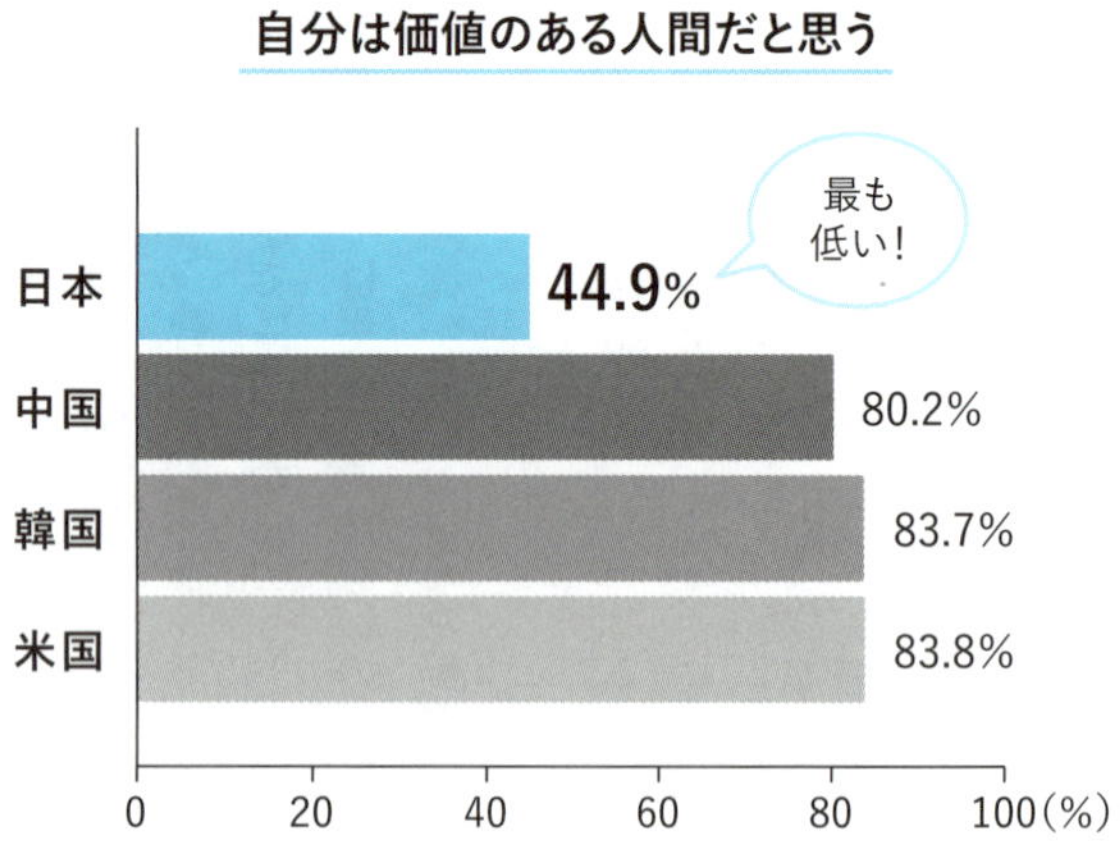

さらに自己肯定感が低い人は、何かと「他人と自分を比較」してしまいます。自分を認めることができないため、つねに欠乏感があり、それを穴埋めするべく他人との比較を行ってしまうのです。

これが高じると、他人に対して攻撃的になるなど、**人格障害（パーソナリティ障害）**に発展する場合さえあります。人格障害はさまざまなタイプがありますが、主に感情や衝動などの偏りが原因で、対人関係などで問題やストレスを生じさせます。

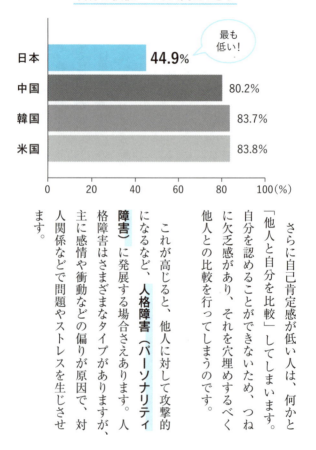

ではどうすれば自己肯定感を高めることができるのでしょうか?

最も大事なことは**「自分を否定しない」「ありのままの自分を受け入れる」**ということです。

たとえば失敗しても「こんな自分もありだな」「まあいいか」と考えるようにするのです。その上で失敗した原因を冷静に分析し、対応策を考えるのがベストです。

そして**新しいことにチャレンジする**のも自己肯定感を高めるきっかけになります。何かやりたいことがあったら、失敗を気にせず「とりあえずやってみよう」と挑戦してみましょう。

ただし、自己肯定感が高い人も嫌なことがあったときには落ち込みます。無理して自己肯定感を高めようとせず、自然体を大事にすることを心がけてください。

Point

- **日本は全体的に自己肯定感の高い人が少ない**
- **失敗を気にせずに新しいことにチャレンジする**

悩み

自分の意見をはっきり言えません

「まずは説明だけでも……」と小さな依頼から始める

意見をはっきり言える人間になるためには、過去のトラウマを克服し、新たな自分を獲得する必要があります。

手っ取り早い方法が**「成功体験を得る」**ことです。

人間は過去の嫌な体験をそのときの感情とともに記憶しています。その感情を消すには似たような体験で成功し、頭の中を上書きすればよいのです。

日本はエゴを嫌い、協調性を重んじる社会でありながら、本音を話さないと、「八方美人」として、疎まれたり、敬遠されたりすることがあります。

自己主張ができないのは、そのような風潮のもとで、子どものときに経験した次のようなことがトラウマになっているからです。

①　自分の意見をはっきり言わないことで評価された

自分の意見を口にしないことで、「物わかりがよい子」「協調性がある子」と褒められた経験があります。意見を抑えることを自分に強制し、本音を表に出すことができません。

② 自分の意見を言っても相手に受け入れてもらえなかった

①とは逆のパターンです。過去に本音を言って「わがままな子」と非難された――こうした経験を持つ人は自分の本音を隠しがちになります。周りの顔色をつねにうかがい、自分の意見を述べることをタブー視しています。

③「怒らないから」と言われ、本音を言ったら怒られた

親に「怒らないから正直に話してごらん」と言われて話したら、結局は怒られた――こうした状況は**ダブルバインド（二重拘束）**と呼ばれます。

多くの人は二つの矛盾した命令を出されると、どちらも選べずに動けない状態になってしまいます。もちろん子どもの場合も同様で、強いストレスを感じ、正直に話しても状況がなにもよくならないと考えて本音を口に出せません。

これらのトラウマを成功体験で上書きするのです。たとえば本音を受け入れて

もらえなかった人なら「友達に本音を漏らしたら仲よくなった」「会議で意見を言ったら採用された」といった具合です。

そのためにはまず自分の意見の中から**「周りの人が比較的受け入れやすい」**ものを選んで話すとよいでしょう。この**フットインザドア法**とよばれる手法なら、周りもあなたの意見を受け入れやすくなります。

これは訪問先に「まずは説明だけでもさせてください」と足を踏み入れる営業マンの様子が由来しています。大きな頼み事をしたいときも、**まずは小さな頼み事**をして、依頼のハードルを下げるのです。

Point

- **断わられた経験に成功体験を上書きする**
- **小さな頼み事でハードルを下げる**

悩み

頼まれごとを断れない性格です

キッパリと断れば
後味は悪くならない

他人からの頼まれごとを上手に断るには、**断るほうも断られるほうも「気分よく」**が基本です。そのためには、「断る理由をはっきりさせる」「曖昧な断り方をしない」「代案を提示する」という三つを実行してください。

日本人の国民性からか、私たちの大半は頼まれ事をされると、なぜかうまく断われません。その最も大きな原因が**「後悔」**です。

人間は頼み事を断ると「悪いことをしたな」「なんとか力になってやればよかった」と自分自身を責める傾向があります。その後悔した気持ちを断ち切るには、次の三つが有効なのです。

① 断る理由をはっきりさせる

多くの人は断るときの理由づけが曖昧です。たとえば上司からお酒の誘いがあったときに「用事があって……」と断っていないでしょうか。このような具体的でない断り方は、相手に「本当は行きたくないのでは？」といった不信感を抱かせます。逆に「じつは友人と約束していまして、すみません」など具体的に言えば、相手も納得しやすくなります。さらに断りの言葉に「お誘いいただきありがとうございます」と**感謝の言葉も添える**と相手への配慮が伝わります。

② 曖昧な断り方はしない

断るのが下手な人はついつい余計なことをつけ加えてしまいます。

たとえば「本当は行きたいんですけど……」「無理すればできるんですけど、でも……」といった具合です。

この中途半端な態度は逆効果。かえって相手をイライラさせてしまいます。断るときは**余計な情報をつけ加えず**にはっきりと断るのがベストです。

③ 代案を提示する

次につながる断り方をすると、相手との関係が壊れにくくなります。

たとえば仕事や残業を頼まれたときに「今日は他の仕事があるのでできません

が、明日ならできます」といった具合に代案を提示するのです。
「できません」とだけ断るのは下手すれば相手を全否定することになります。代案を提示しながら「本当にすみません」と**謝罪の言葉を添える**だけで、相手は逆にあなたに好印象を抱くはずです。

またコミュニケーションでは「無理」「絶対」といった言葉は全否定につながります。相手は拒絶されたような印象を受け、信頼関係が損なわれる可能性があるため使わないようにしましょう。

Point
・キッパリ断りつつも、気遣いの一言を添える
・あやふやな態度で断ると相手をイライラさせる

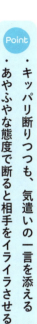

悩み

人に悩みを打ち明けられません

自分をさらすことで信頼を得るきっかけに

悩みを他人に打ち明けられない最大の理由は「自分をさらけ出すのが怖い」からです。つまり**自己開示**（89ページでも紹介）の問題です。

自己開示とは簡単に言えば自分を人前にさらすこと。悩み事の相談は、自分の弱い部分を相手に見せることにもなるので、怖いのは当たり前です。

相談することは、相談する側にとっても、される側にとっても、**「信頼」につながります。**相談される側には「あなたを信頼しています」というメッセージが暗に伝わるわけですから、決して嫌な気持ちを持たれることはないはずです。そして悩みを口に出すことで客観的に状況を見ることができたり、心のモヤモヤが晴れることも期待できます。

相談できない他の理由として、**「承認欲求」**（37ページでも紹介）が挙げられます。承認欲求とは誰かから認められたいという感情ですが、相談することで相手を失望させてしまう、変な目で見られたくないという気持ちが生まれます。それが一歩踏み出す勇気を失わせるのです。

このタイプの人は、傍から見れば「他人の評価を気にし過ぎる」だけなので「**自分の評価は自分で決める**」という確固たる考えをまず身につけるべきです。

みんなから好かれようと思わない、どう思われようと構わないと考えてください。実際すべての人に好かれることは不可能です。どんな人気者でも敵はいるものです。

さて実際に相談するときですが、**事前に悩みや自分の気持ちを整理しておく**とよいでしょう。そのほうが相手に悩みの内容が伝わりやすくなります。また、整理されていない状況で相談すると、相手にムダな時間を使わせることになります。整理するときは頭の中だけで考えるのではなく、文章に起こすと考えがまとまりやすいでしょう。

話す前は「他人に相談してもしょうがない」と思っていても、話を聞いてもらうと**自分では得られなかった気づき**に出合えるかもしれません。

無理に誰かに悩みを打ち明ける必要はありませんが、相談することにはメリットもあることを知っておくとよいでしょう。

ところで、昨今、企業のコンプライアンス研修で「相談力」という言葉が頻繁に出てきます。これは社員個人が悩みを抱えても自分だけで判断せず、上司や担当部署に積極的に相談する能力ですが、企業側がトラブル拡大のリスクを減らしたり、風通しをよくしたりするため奨励しています。

個人もこれと同じです。自分だけで判断せず、人に相談することで、状況が改善し気持ちもスッキリするはずです。

Point

- **弱音を吐いたからといって周囲からの評価が下がるわけではない**
- **相談したい内容を前もって整理しておく**

悩み

「KYだよね」と言われてしまった

聞く側に回って
相手に同調する

そもそも空気を読めない人とは、どんな人を指すのでしょうか？　一言で言えば、場の雰囲気や状況などを察せられない、つまり**鈍感なタイプ**です。

いわゆる「ＫＹ」です。みんなが「触れてはいけない」と気にしているタブーや禁句を口にしてしまい、しかもそのことに気づかず会話を続けて、周りから顰《ひん》蹙《しゅく》を買ってしまいます。

「ここではあの話題に触れないほうがいいな」などと客観的に状況を考えずに、思ったことを口に出して空気を悪くしてしまいます。逆に空気を読める人は、タブーに触れないか、万が一触れたとしても、周りの雰囲気の変化を敏感に察知し、柔軟に話題を変えることができます。

また、**相手の状況や感情を感じ取ることも空気を読むポイント**です。相手の立ち振る舞い、表情や声色から「今は機嫌が悪そうだ」「なにかよいことがあったのかも」というように、喜怒哀楽をある程度予想するのです。人だけではなく、場の空気や状況も同じようによく観察していれば、その場に合った行動がとれるようになります。

ではKYになってしまう原因は何でしょうか？

一つは**「自尊心の高さ」**や**「自己顕示欲の強さ」**が挙げられます。どちらも自分中心主義で、他人にあまり関心を持たないため、人の心や雰囲気を読む技術が劣っているのです。会話だけでなくビジネスの現場でも周りに合わせることができず、とにかく自分の仕事を優先するので、陰でKYと呼ばれることが多いのです。

次に**「口が軽いこと」**もKYの原因です。後先を考えず、なんでも口にしてしまうため、つい余計なことを言ってしまいます。「最近太ったね？」など、相手を傷つける言葉を発することもしばしばです。

さて対処法ですが、「自分はKYかも……」と思い当たる節がある人は、**「聞き**

役」に徹して相手に同調する努力をしてみましょう。話の聞き手に回ることで、会話をうまく進めるトレーニングをするわけです。聞く側に回れば、下手なことを言って場の雰囲気を崩すことはなくなります。また相手の話をよく聞いて、あいづちやうなずきで応えれば、話し手は「自分の話に同調している」と感じ、あなたに対する好感度も高まるはずです。そして何よりも相手をよく観察できるので、**人の心を察するトレーニング**にもなります。

Point

・しゃべりすぎず「聞き役」に徹する
・あいづちやうなずきで「同調している」ことを伝える

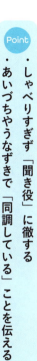

悩み

人に指示を聞いてもらえません

相手に「なぜ」「何のために」を伝える

ダメな指示で代表的なのが、**曖昧**であること。具体性に欠ける言葉が頻出する指示では、受け手はさっぱり理解できません。

また、**情報が足りていない指示も不適格です。**自分が知っているからといって専門用語を連発したり、５Ｗ１Ｈ（いつ・どこで・誰が・何を・なぜ・どのようにして）のどれかが抜けていたりしても、正確に指示は伝わりません。

とはいえ、なんでもかんでも情報量を増やせばよいわけではありません。情報量が多いと、理解度は逆に下がってしまうからです。

とくに気をつけたいのが、指示の中で省略されがちな**「なぜ」**です。指示を出す側は、何のためにその作業や仕事が必要なのかをわかっていますが、指示される側はそれを教えてもらえないと、「なんのために？」と思ってしまいます。

自分に与えられた仕事がなんのためなのかを知っているか知らないかでは、モチベーションにも大きく影響を与えます。目的意識の共有もできません。

人に指示して動いてもらうために重要なのが、**「自己効力感」**を高めてあげることです。「自己効力感」は心理学者のアルバード・バンデューラが唱えた概念です。

人は課題に直面したときに結果を予測します。それをネガティブに考えるのではなく、「自分にはできる」と想像することを指します。

自己効力感を高めるためには、次の五つの方法が効果的とされています。

・**達成経験**……過去に自分が努力して達成した事柄を想起し、追体験すること。
・**代理体験**……他人が行う過程を観察し、自分もできることだと認識すること。
・**言語的説得**……「あなたならできる」と説得を受け、自分自身でも納得すること。
・**生理的情緒的高揚**……熱血ドラマや伝記などから感化されること。
・**想像体験**……成功する過程をイメージし、脳に記憶として刻み込むこと。

「自己効力感」を育むためには、**小さな目標をいくつも達成させ、徐々に自信を持たせる**ことが欠かせません。もちろん、目標を達成した際には、しっかりと褒めることもその後のやる気につながっていきます。

人への指示は、伝えることがゴールではありません。伝えたことをしっかりと**実行してもらう**必要があります。そのためには簡潔明瞭で、指示される側のやる気を起こさせるものでなければなりません。

指示がわかりにくいと、指示される側は混乱してしまい、期待した動きをしてくれません。指示の内容をしっかり準備することが人を動かすための近道です。

Point

- **指示を出すときは「なぜ」が欠如しがち**
- **「自分にもできる」と相手に思わせる指示の出し方をする**

悩み

リーダーシップをとれません

よきフォロワーこそ
よきリーダーの素質あり！

リーダーシップをとることは、自分には無理と思っている人は多いでしょう。でも、考えてみてください。

たとえば、会社という組織での仕事では、必ず他の人の力を借りるシチュエーションが発生します。その場合、あなたはさまざまな場面で人を動かしているといえます。

心理学では、集団の中で他の人以上に影響力を持っている存在をリーダーと呼び、集団の目標達成に向けて影響を及ぼす過程や、集団内の人に影響を及ぼす過程をリーダーシップと呼んでいます。逆にリーダーに従う人はフォロワーと呼ばれます。

ドイツの心理学者であるクルト・レヴィンは、リーダーシップのタイプを**専制型・放任型・民主型**の三つに分類しました。

専制型のリーダーシップは、短期的には他の類型よりも仕事量が多くなり、高

3つのリーダーシップタイプ

理想のリーダー

	生産性	団結力
民主型	◎	○
専制型	○	△
放任型	×	×

い生産性を得られますが、長期的には、メンバーが相互に反感や不信感を抱くようになります。

放任型のリーダーシップは組織のまとまりもなく、メンバーの士気も低く、仕事の量・質とも最も低くなる傾向にあるようです。

民主型のリーダーシップは、短期的には専制型リーダーシップより生産性が低いのですが、長期的には高い生産性を上げられるとともに、メンバー間に友好的な雰囲気が生まれ、集団の団結度が高くなる特徴があります。

レヴィンは、民主型リーダーシップが作業の質・作業意欲・効果的な行動などの点で**最も有効**であると結論づけています。

自分はフォロワータイプだと考えている人は、そもそもリーダーシップなどないと思うかもしれません。

しかし指示に従うことが多いフォロワータイプの人は、気分よく行動できる指示の出し方・出され方を理解しているはずです。フォロワータイプの人は、民主型リーダーシップを発揮しやすい人だともいえます。

Point
- 民主型のリーダーシップはすべての点で効果的
- 「他人の力を借りること」が人を動かす原点

悩み

場を仕切ることが苦手です

幹事役にトライして気配り力を磨く

場を仕切ることを苦手か得意かと決定づけるのは「成功体験」です。「成功体験」をものにすると、肯定的な意識を形成できます。

成功体験をものにするために大切な要素として、**「気配り力」**と**「計画力」**が挙げられます。これを身につけることが仕切り上手になる秘訣です。

場を仕切るといえば、身近でまず思い浮かぶのが「飲み会の幹事」ではないでしょうか。やってみたら楽しかった、感謝されてうれしかったといった体験を持つ人はまた幹事をやりたくなります。これは、リアルな飲み会だけでなく、リモートで行う飲み会やミーティングにおいてもいえることです。

幹事は「気配り力」と「計画力」を鍛える絶好の機会です。たとえば日程調整。候補日を列挙して選択方式で返信してもらう、決定したらすぐにみんなに知らせる、といった細かいフォローが「気配り力」ということになります。

まずは会の詳細よりも、**参加者の日程を押さえることが先**です。主役がいる会であれば、その人には必ず日程を確約してもらわなければなりません。日程を決めた後は、会場や費用、内容を決定した上で告知しましょう。いくらでどんなことが楽しめるか、参加したくなるような具体的な内容を伝えることもポイントです。この能力は、いかに**相手の気持ちに立って事を進められるか**が要求されます。

一方「計画力」は会をどう盛り上げるか、予算をどう抑えるかなど考えることが多岐にわたります。一朝一夕に身につく能力ではないため、慣れない人は思いきって、経験者の助けを仰ぐとよいでしょう。どうすれば欠席者をなくせるか、進行はどうすればよいかなど、一人で悩むのではなく、**経験者に積極的に相談するる**のです。

これは会議や仕事の打ち合わせなどの仕切りでもまったく同じです。

そして一番大事なのは、**本人が楽しんでやること。**「誰もやらないからやらされた」と被害者意識を持つのではなく、自分にとってのさまざまなメリットを考えるのがよいでしょう。たとえば予定の調整、進行管理、予算管理などは、**ある意味ビジネススキルに通じる**ものがあります。自分の能力を高めるよい機会だ——と考えることで肯定的な意識になることができます。

実際多くの社長が「リーダーシップとは何か？」と尋ねられて**「肯定的であること」**と答えています。面倒くさい、苦手だと感じる役回りを任されても、「これも自分のスキルアップにつながる」と肯定的にとらえて、苦手を少しずつ得意に変えていきましょう。

Point

・自分のためになることとしてポジティブにとらえる

・能力を高められる機会として幹事役を楽しむ

4章

ワンランク上の自分に成長する心理術

仕事・健康・お金の理想が実現する!

悩み

自分に甘く、厳しくなれない

自分の失敗を責任転嫁するのをやめる

自分に厳しい性格になる手っ取り早い方法は、**「責任転嫁をしない」思考を身につける**ことです。自分に甘い人には「だって」「どうせ」「でも」という思考が頭に渦巻いています。それを頭から追い出してしまうことが大切なのです。

産業心理学の専門家、ピアーズ・スティール氏によれば、**人々の95%が「ギリギリまで仕事を先延ばしする」**、つまり「自分で決めたことを守らない」傾向があるというのです。世の中には自分に厳しい人のほうがむしろ少ないといってもよいでしょう。

たとえば仕事で同僚が締め切りを守らなかったとします。あなたは「あいつは努力が足りないな」と思うはず。

しかし逆にあなたが守らなかったときはどうでしょう。「周りの協力がなかったから」「他の仕事が忙しかったから」など、理由を他人や状況に求めていませんか？

人間は他人の行動を評価するとき、その人の状況ではなく「能力・性格」で判断する傾向があります。一方、自分自身の行動を振り返るときは、その原因を「他人」「状況」「運」といったものに責任転嫁しがちです。

つまり他人には厳しくて、自分には甘い、判断の仕方が公平でないということです。これを心理学では**「行為者—観察者バイアス」**と呼びます。

この**バイアス（偏った先入観）**が大きい人ほど自分に甘い性格だということが言えます。

締め切りの例で言えば「だって締め切りを守れなかったのは自分のせいじゃないし」と自らを許すことになり、次に締め切りが迫ってきたときにも「どうせまた同じ状況だから多少遅れてもいいいや」という考えになってしまいます。

逆に責任転嫁のクセを直せば「締め切りを守らないのは自分の責任」「早朝出社してでも期限は守ろう」と自分に厳しい考え方に変わることができます。

ただし自分に厳しくするというのは自分を追い詰めるということでもあります。それが度を超すとストレスが溜まり、うつや過労の原因にもなりかねません。

自分を追い詰めるのではなく、うまくいかなかったときに、客観的に**「うまくいかなかった理由」を分析**し、次の機会にその反省を生かすことが大事でしょう。

自分の失敗を他に転嫁せず、自分の責任として向き合えば、必ず成長につなげられます。次の機会に生かせるからです。

そして、たとえ小さくてもそんな「成功体験」を積み重ねていけば、達成感とともに責任感も芽生えていくはずです。

Point

・「だって」「どうせ」「でも」といった口グセを使わないように意識すれば、責任の所在も明確になる

悩み

行動するまでに時間がかかる

先に「締め切り」を決めてやる気を出す

食事をする、寝るといった生理的欲求にもとづいた行動とは別に、心理的なハードルを乗り越えなければいけない「社会的動機づけによる行動」があります。心理的なハードルは行動力を妨げる一因となります。

このハードルを越えるために武器となるのが**「危機感」**です。

人が行動する理由を心理学では**「動機づけ」**（またはモチベーション）という言葉で説明します。動機づけは**「生理的動機づけ」**と**「社会的動機づけ」**の大きく二つに分けられます。

生理的動機づけとは、いわば生理的欲求から生まれるもの。生理的欲求に伴う行動は、心理的なハードルを意識せず自然に行っていますが、社会的動機づけによる行動には**目的意識**が必要になります。

しかし、目的意識が強ければ、行動を起こすことにブレーキはかかりません。

モチベーションをUPさせる「危機感」

ただ、たとえ目的意識があっても、面倒だという気持ちや結果に対する不安といったものが先に立つと、心理的なハードルになってしまいます。

そのため、行動になかなか移せないといったことになりがちです。そこで有効となるのが**「危機感」**です。

人は危機を感じると、それを回避しようと全力で行動します。火事場の馬鹿力といった言葉は、まさに危機に直面した人間が、通常では考えられない力を発揮することを意味しています。

火事場の馬鹿力は、じつは誰でも身近なことで経験しています。夏休みの宿題や仕事の締め切りなどがそれです。締め切りを前にすると集中力が高まり、全力で守ろうとするのは、締め切りを守れなかったことによって起こるであろう危機（苦痛）を回避しようとするからです。

人は無意識的に快楽を求め苦痛を避けるため、この危機感＝**締め切り効果**を行動力に利用するわけです。

たとえば、髪を切るために美容院に予約を入れる。あるいは、営業の仕事ならアポイントを先に取る。予約やアポイントという期日が決まると、よほどのことがない限りそれに従って行動することになります。

自ら締め切りを作ることで、そこに至るまでの行動も自ずと変わってるはずです。

Point

- **スムーズに行動を起こすには「動機（モチベーション）」が必要**
- **「動機」は自分で生み出すことができる**

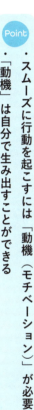

悩み

やる気がなかなか出ません

目標は遠すぎず実現できそうなものを

やる気が出ない理由はいくつもありますが、代表的なものが「やることが漠然としている」「時間的、心理的な余裕がありすぎる」「求めている結果がなかなか出ない」です。

いずれも**自分の手が届く範囲での目標を目指す**ということにつながります。

①目標は、「今日からできること」を

目標が曖昧だったり大きすぎたりすると、人は意欲を高められません。たとえば「世界的に売れる商品を考えてくれ」と上司に言われても、実際何をすればよいのかわからず、現実味がありません。

逆に**「何から始めるか」**が明確ならば意欲が湧きます。商品開発なら「まず社内の一定数から支持される商品を作る」、貯金なら「10万円貯める」など実現可能な目標を立てるわけです。

まずは今から取りかかることのできる現実的な目標を考えてみましょう。

② 短期間の目標を立てる

人間はある程度追い込まれないとやる気になりません。そのため「○月○日までに5kg痩せる」と、自分自身に制約を課すことが必要になるのです。

過度の追い込みはやる気を削ぎますが、適度な追い込みは目標を明確化することになり効果的です。さらに、短い期間の目標計画を立てると、これからどのような方向で、どれくらい努力しなければならないのかがわかります。

③ 小さな成長を喜ぶ

たとえば一生懸命ダイエットに取り組んでいるのに、なかなか痩せないといったケース。人は思うように事が進まないと「どうせやってもダメだろう」とネガティブな感情を抱いてしまいます。

この場合の対処法は「小さな成果に目を向ける」です。「体重は落ちないけれど、体は引き締まってきた」などといった具合に、見方を変えてみるわけです。視点を変えれば、新たな課題が見えてきて意欲も湧いてきます。一見小さなことのように見える変化や結果も、積み重ねると「努力したら報われる」という経験になります。そしてこの経験が長期的に努力できる自分を作っていくのです。

また脳の栄養補給も重要です。「やる気が出ない」のは、脳の活動が低下している状態なので、それを活発化させるために、脳の栄養補給、とくに**ブドウ糖**を十分に摂るようにしてください。

Point
- **非現実的な目標はモチベーションを下げる原因となる**
- **小さな成長達成感を味わう**

悩み

面倒くさがりな性格です

「面倒くさいこと」には向き合いすぎない

面倒くさいと感じることを、どうしてもやらなければならない場合、最も効果的なのが**「可視化」**と**「細分化」**です。

何かを面倒くさいと感じるときは、脳はダメージを受け何も考えられない状態になっています。しかし仕事の手順を紙に書くなどして視覚化すれば、考えることなしに作業を進めることができます。

また細分化することで、少しずつでも仕事を片づけることができれば、達成感もあり、ストレスを感じずに仕事を進めることができるのです。

仕事や人間関係など、すべてが面倒くさく感じられ、まったくやる気が出ないというのは、誰にでもある経験だと思います。面倒くささが重症化すると、しまいにはベッドから起きることや食事をすることすら煩わしく感じるようになります。しかし誰でも初めから「面倒くさがり」なわけではありません。ちょっとしたきっかけが原因でイライラし始め、それがさまざまな出来事に伝染し、重い症状に陥っていくというわけです。

たとえば友達と良好な関係を保っていたのに、頼まれ事をされて面倒だと感じ始め、やがて人間関係自体が嫌になってしまう。忙しいのでデスクの片づけを怠っていたらどんどん書類が溜まってきて、片づけどころか仕事自体もやりたくないと感じるようになったという具合です。

こうした状況に陥ると、モチベーションが大幅に下がるため、やる気もまったく起きず、きっかけとなった問題を解決することができません。

この場合は「細分化」を応用して、身の周りで「面倒くさい」と感じない事柄を探すことも面倒くささの払拭に有効です。たとえば「掃除は面倒」でも「料理は面倒ではない」といったように苦痛を感じないものがあるかと思います。その**「面倒くさくない分野」に力を入れてみる**のです。そうすれば、今まで怠けていた脳や体がうまく働き始め、他のことをやることも苦ではなくなってきます。

また本来取り組むべきこととは違うことでも、体や手を動かしていると脳が活性化されます。筋肉を動かすことで脳が刺激を受け、やる気ホルモン・ドーパミンが放出されるのです。この作用をドイツの精神医学者エミール・クレペリンは**「作業興奮効果」**と名づけ、提唱しました。

勉強がしたくなくても机に座っていると次第に勉強モードに入ったような経験がありませんか。仕事や勉強、家事でもまずは簡単なことや苦手意識のないことから始めてみましょう。「作業興奮」は**行動開始から5～10分程度**で起こるといわれています。とりあえず5秒でもやってみると、やる気も起きるはずです。

少しずつできることから取り組み、「できた」という経験を積むことで面倒くさがりも克服できるのです。

Point

- **仕事を始める前にやることリストや手順を紙に書き出す**
- **脳の「作業興奮効果」を活用する**

悩み

集中力が続きません

短時間の「集中と休憩」を繰り返す

集中力が続かない理由には、内的なストレスと外的なストレスが原因にあります。自分の集中力に不満がある人は、まずこの内的・外的なストレスをチェックし、改善していくことが大切です。

内的なストレスとは、本人の体調、精神状態に左右されること。睡眠不足だったり、不安や苛立ちなどの感情的抑圧を抱えたりしている状態では集中力が続きません。また栄養不足、とくに水分や糖質が不足していると集中力は長続きしません。

外的なストレスとは、周囲の音がうるさくて気が散る、パソコンに頻繁にメールが来て対応しなければならない、打ち合わせが多く自分の仕事が中断されるといったものです。上司との人間関係などはこの外的ストレスに分類され、これも集中力を削ぐ原因となります。

また、集中力の観点から、次の二つに人を分けることができます。

① 集中するまで時間がかかる人

環境など外的なストレスに左右されやすいタイプです。工事の音や、他人の雑談がうるさい、部屋が汚いといった環境ではなかなか集中することができません。対処法はカフェや図書館など**自分が集中できる場所を探す**ことです。会社では人があまりいない早朝などに集中力が必要な仕事をするとよいでしょう。

このタイプは一度集中するといつまでも熱中できるので、最適な環境さえ見つけられれば大きな成果を上げることができます。

② 集中するまでが早い人

集中しようと思ったら、すぐに入り込めるタイプです。分散集中ができ、周りの状況を正確に把握する能力を持っています。また頭の切り替えが早いので複数の仕事を頼まれても器用にこなすことができます。このタイプは集中できる時間は長いのですが、集中の度合いが浅いのが短所です。また、しなければならない仕事が増えると、一つ一つの仕事が雑になってしまうことがあります。**とくに意識して仕事を丁寧にする**ように努力してみましょう。そこさえ気をつければ、あなたの評価はどんどん高まるはずです。

しかし、人の集中力はなかなか長時間続くものではありません。そこで集中力を高める方法に**「ポモドーロ・テクニック」**があります。**「作業25分＋休憩5分」**のサイクルで作業に取り組む時間管理術です。短時間の集中と休憩を繰り返すことで作業効率を上げることができるといわれています。また大きな作業も25分に分けることでタスクの細分化ができ、現実的な目標や優先順位も設定することができます。

Point

- **集中できない原因が何か見極める**
- **大きな作業も細分化することで、集中して取り組むことができる**

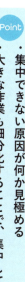

悩み

頑張っても痩せられません

「なんとなくダイエット」はやめてみる

ダイエットに挑戦してもなかなか結果を出せないのは、途中で「挫折」してしまうからです。

この挫折は**「目標の明確化」**で回避できると、多くの心理学者が指摘しています。つまり目標をはっきり決めることで、ダイエットは成功するというのです。目標の立て方は「血糖値数を○mg/dℓまで下げ健康な体になる」とか「半年後までに体脂肪率を○%にする」など、より具体的なほうがよいといわれます。ではなぜ目標を明確化するとダイエットが成功するのでしょうか？

心理学用語の一つに**「カクテルパーティ効果」**というものがあります。

１９５３年に心理学者のエドワード・コリン・チェリーによって提唱された「音声の選択的聴取」についての理論です。簡単に説明すれば大勢が雑談するカクテルパーティのような場所でも、興味がある人の会話は自然と聞き取れるというものです。脳は雑音の中から音声を取捨選択して、自分に必要な情報を取り入れているわけです。

これはダイエットに関しても同じことが言えます。その場合、雑音を「さまざまな欲求」や「周囲の声」、聞きたい声を「自分の目標」と考えればよいでしょう。目標がはっきりしていれば、テレビから流れるおいしそうな食べ物の話も、周りからの「本当に成功するの？」といった揶揄《やゆ》も気にならなくなり、目標に向かって邁進《まいしん》することができるわけです。

そしてダイエットは長期目標とは別に**短期目標**と**中期目標**を立てるとその後のダイエットを進めやすくなります。「○kg痩せたい」というのは長期目標です。「1カ月で○kg痩せる」のような数カ月単位の目標は中期目標、「1日の摂取カロリーを○kcalに抑える」といった数日・数週間の目標は短期目標です。

目標を三つのレベルに分けることで、ペースや取り組む内容、方向性が見えてきます。ざっくりとした長期目標を立てたら、明確な中期目標、現実的な短期目標を設定しましょう。

また、途中経過を視覚化することも効果があります。手法としては「レコーディング・ダイエット」に代表される**「記録ダイエット」**が有効です。自分の摂取カロリーや運動量、体重などを細かくノートなどに記録していくやり方ですが、とくに体重に関しては今までの努力が明確になりモチベーションが上がるわけです。

これも同様に心理学的手法といえるでしょう。ダイエットが続かないのは、これらの「心理学」を知らないからです。挫折を経験したことがある人は、まずこのポイントから始めてみましょう。

Point
- **ダイエットは「より具体的な目標」が成功のカギとなる**
- **「具体的な目標」を立てたら三つにレベル分けする**

悩み

掃除・片づけができません

「捨てどきマイルール」を決める

「掃除・片づけ下手」の本質は、**「物を捨てられない」**ことです。物が溢れていると何かと掃除がしづらく面倒なため、自然と掃除・片づけ嫌いの性格になっていくわけです。

そして物が捨てられないのには**「決断力」**が大きく関わってきます。

そもそも一人暮らしであれば、部屋が汚くてもそこまで問題ありません。家に人を呼ぶことがそれほど多くないからです。

「掃除下手・片づけ下手」が問題になるのは、結婚生活などの共同生活や会社のデスク周りなど仕事関連のケースです。その場合、あなたの評価や評判に関わるので、掃除が嫌いな人は早めに「掃除上手・片づけ上手」の性格に変わる必要があります。

掃除ができる人間になりたいなら、**まず決断力から身につける**べきです。決断力がないと、掃除の際に目の前のものが必要か不必要か、捨てるべきか残しておくべきかを判断できないので、やたらと時間がかかり、しまいには「どれも捨てるのが惜しい」と、匙を投げ自己嫌悪に陥ってしまうわけです。

決断する方法としては、**物を捨てる、捨てないの基準を明確にする**ことです。たとえば家に溢れる本やマンガなら2年以上読んでいないものや希少価値が低いものは捨てる、会社のデスク周りなら3年以上前の不必要な書類はすべて捨ててしまう、といった具合に基準を作って明文化すれば、自然と決断力がついてきます。それでもどうしても片づけができないなら他人に手伝ってもらうとよいでしょう。他人ならその基準を厳格に守って物を捨てることができるからです。

また掃除が苦手な人は長時間ではなく、短時間でできることから始めてみましょう。

皿洗いをした後はキッチンシンクも磨く、トイレを使用した後はトイレットペーパーで拭き掃除をするなど、**何かの「ついで」に掃除する習慣**を身につけることです。簡単な作業できれいになるので達成感も生まれ、次の場所を掃除するきっかけにもなります。

掃除好きになるためには**イメージトレーニング**も効果的です。部屋が散らかっていたら、目を閉じて「スッキリしてすがすがしい自分の部屋」をイメージしてみるのです。

その上で、一度に部屋全部をきれいに片づけるのではなく、「今日はベッド周り」「明日は本棚」と徐々に片づけを行っていけば、ストレスを感じることなく、部屋をきれいにすることができます。

長時間しない、掃除をする場所は区切って少しずつ取り組む、この二つの心がけで掃除をするクセを身につけていきましょう。

Point

- **掃除ができる人は決断力がある**
- **掃除は「一気に」ではなく「ついで」にやる**

悩み

早起きが苦手です

起きたらまず日の光を浴びて
生物時計を整える

起きるのが苦痛だったり、面倒くさかったりする人には、**「朝起きたときにやることを決めておく」**が最も効果的です。

毎朝起床後にスケジュールの確認をする、ストレッチをする、読書をする、朝食を作るなど、具体的な行動を決めておけば、多少眠くても気持ちと体を切り替えることができます。

また朝活を行うのもよいでしょう。夕方以降の疲れた脳より、朝の時間は脳が覚醒しているため、勉強や読書をするのに最適です。

朝起きたらまずカーテンと窓を開けて日の光を浴びましょう。室内の空気を入れ替えて日光を浴びると、幸せホルモン・セロトニンが分泌されます。

早起きをして気持ちのよい朝を迎えることとは、一日の充実感を高め、人生の質を高めることにつながります。

さて、朝起きられない最大の原因が**「夜更かし」**です。ＯＥＣＤ（経済協力開発機構）が2021年に行った国際比較調査によると、世界主要国の中で日本の**平均睡眠時間は442分（7・3時間）と、最も短い**ことがわかりました。

原因として、スマホやパソコンの普及により就寝時間が遅くなっていることが考えられています。スマホやパソコンの液晶からは「ブルーライト」とよばれる特殊な光が出ており、脳を興奮させる作用があります。これにより夜なのに脳が朝や昼だと勘違いしてしまい、なかなか寝つけなくなってしまうのです。

就寝前の液晶離れをするためには、「寝る前1時間はスマホを見ない」など自分の中にルールを設けることもよいでしょう。

人間は体の中に時間を刻む**「生物時計」**とよばれるものを持っています。体温や睡眠はこの生物時計のコントロール下にあるのですが、夜更かしをすると生物時計にズレが生じてしまいます。そのため本来夜は眠くなり、昼間は覚醒するというリズムが保てなくなります。その結果夜は寝つきにくく、朝は起きられないという最悪の状態になってしまうのです。

ただし、規則正しい生活を送っているのに夜は寝つけず、朝はなかなか起きられないという人はまず睡眠環境を変えることから始めてみましょう。たとえば枕やマットレス、布団の硬さ、寝るときの明るさなどを自分に合ったものに変えてみるのです。それでも睡眠が改善しない場合は睡眠障害や病気の恐れがあるので注意が必要です。

Point
- **日本は他国と比べて睡眠時間が短い**
- **前もって朝やることを決めておく**

悩み

いつまでも貯金できません

明確な「貯金額」と「節約ルール」を決める

頭ではわかっているのだけれど、なぜか浪費してしまう……。これはアメリカの経済学者ハーヴェイ・ライベンシュタインが提唱した**「バンドワゴン効果」**と**「スノッブ効果」**で説明できる現象です。

たとえば街でショップに長蛇の列ができていると、なんとなくその商品が欲しくなったり、自分も並びたくなったりしませんか？

これが「バンドワゴン効果」と呼ばれる心理です。バンドワゴン効果とは、ある製品を**大勢の人が支持・所有している場合、製品の需要がさらに高まっていく現象**を指します。流行に敏感な日本人にはこの効果が日常的に働いているといえるでしょう。テレビなどで「この商品はみんなが買っている」「大流行している」と言われると、本来欲しくなかったものが欲しくなってしまうのです。

また人は限定品や希少価値が高いものに引かれる性質も持っています。

たとえばテレビショッピングで「限定販売！　先着100名様に特別価格でご

バンドワゴン効果とスノッブ効果

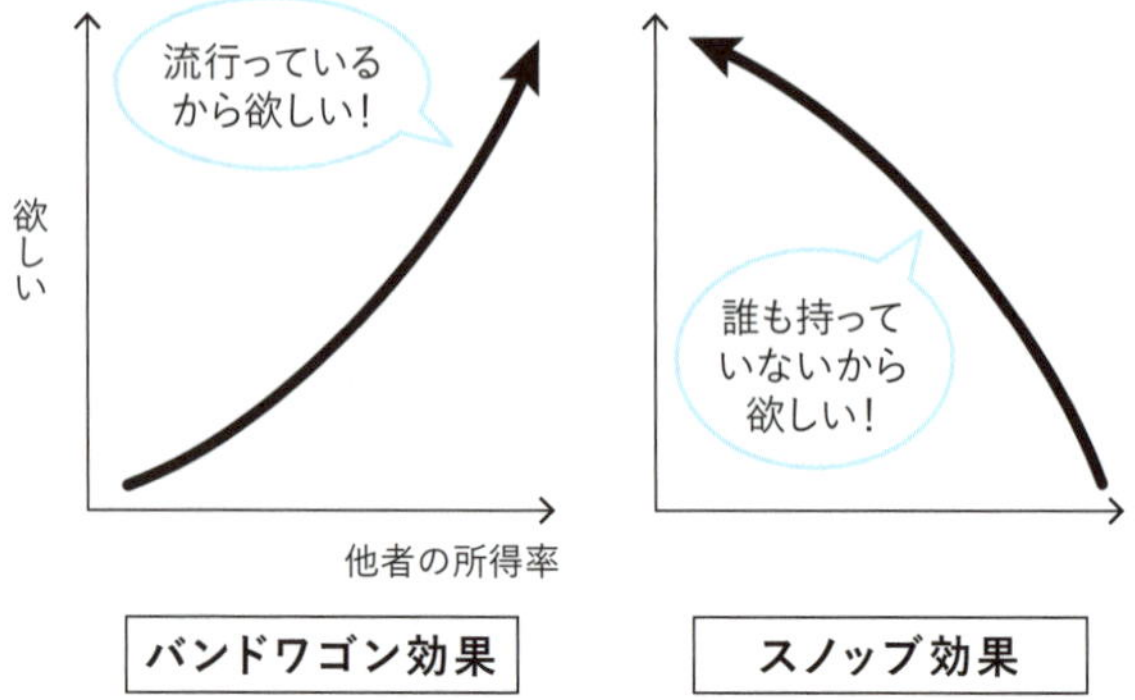

提供」などと宣伝されると、「早く買わなきゃ！」という気持ちになるのではないでしょうか。

これが「スノッブ効果」です。バンドワゴン効果と同様に、人々の購買意欲を煽《あお》ります。

スノッブ効果は**誰もが簡単に入手できるものは需要が減少し、入手困難なものほど需要が高まる**という概念です。限定品や希少品の値段が上がるのはこの原理によります。

このように売り手側はあの手この手で人の財布を開かせます。その手法に乗っていてはお金が貯まるはずがありません。

まず大事なのは「マイホームの頭金にするため100万円貯める！」といったように具体的な目標を立てることです。いつまでに何のためにいくら貯めるのか、またそのために何を節約するのかをはっきり決めます。ただしプランは無理のないものでなければなりません。設定額が高いと途中で挫折してしまう可能性があるからです。

最後に「他人に見せびらかしたい」という見栄もムダ遣いの原因となることを覚えておいてください。これは**「ヴェブレン効果」**と呼ばれるもので、**価格が高いものほど見せびらかす効果も高く、需要が高まる**という現象です。みんなが多少無理してでも高級ブランド商品を買うのはこの効果によるものなのです。

Point

・市場には消費者の購買意欲をかき立てる戦略が溢れている

悩み

スケジュール管理が下手です

予定がズレることも想定してスケジュールを立てる

人によって上手・下手がはっきり分かれるスケジュール管理。

下手な人の心理的要因は「楽観主義」「大ざっぱ」「決断力がない」です。

①　楽観主義

これはイレギュラーな事態を想定しない、という性格に直結します。

スケジュールは簡単に狂うもの。しかし楽観主義者は余裕なしに予定をギッシリ詰め込むので、一つのズレでスケジュールがガタガタになってしまいます。一方、スケジュール管理が上手な人は**「予定が崩れるのは当たり前」**と考え、余裕のある予定を組みます。たとえば、重要な予定の前後には他の予定を入れないとか、最低1時間前には現地に到着するなどといった具合です。

ゆとりのあるスケジューリングは「精神的な余裕」を生みます。十分な準備ができるため、仕事自体もうまくいくことが多いのです。

② 大ざっぱ

このタイプは「打ち合わせは1時間あれば十分」など、自分の希望的観測でだいたいの予定を組みます。しかしたとえ慣れている仕事でも、予想どおりにいかないことがままあるのです。

それぞれの仕事に**どのくらい時間がかかるのか**を明確にしなければなりません。「すぐに終わるだろう」と大ざっぱな見込みで仕事をしていたら、期日前に慌てるはめになってしまいます。

必要な時間を見誤ると予定が大きく狂ってしまいます。必要な時間を正確に把握する努力をするように心がけましょう。

③ 決断力がない

スケジュール管理が下手な人は物事の優先順位を決められず不測の事態が起きたときにうまく対応できません。何を優先すべきかわからず、右往左往することになります。

一方、スケジュール管理の達人は、仕事を**優先度が高い順にA、B、Cとランクづけする**などの工夫を行います。時間がなくなったときでも、Aを優先し、Cを後回しにするなどスケジュールの再編成が簡単にできるようになるわけです。

優先順位に関して、重要度を基準にランクづけするという考え方以外に、早く成果を出せるものを優先的に実行すべきという考え方もあります。優先順位は、そのとき自分に求められているものに応じて決めるとよいでしょう。

Point
- 計画を立てるときは「ズレ」も想定する
- 仕事が複数あるときは優先順位を決める

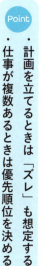

本書は、三才ブックスより刊行された『にがてが消える心理学』を、文庫収録にあたり加筆・改筆、改題したものです。